日朝極秘交渉

田中均と「ミスターX」

NHK記者
増田剛

論創社

はじめに

二十年前、日本中の人々がテレビの前に釘付けになった光景がある。

二〇〇二年（平成十四年）九月十七日、平壌《ピョンヤン》。

日本と北朝鮮のトップ、当時の小泉純一郎総理大臣とキム・ジョンイル（金正日）総書記が初めて向き合った、史上初の日朝首脳会談である。

この時、小泉総理が、首脳外交にはおよそ似つかわしくない厳しい表情で、キム・ジョンイル総書記と握手を交わしていた姿を、思い出す方もいるかもしれない。

この会談で、日朝両国は、国交正常化交渉の再開で合意し、両首脳が共同宣言「日朝平壌宣言」に署名した。

小泉総理は、会談後の記者会見で、こう述べた。

「日朝間の安全保障上の問題の解決を確かなものにするために、日朝国交正常化交渉を再開することにした。きょうまとめた共同宣言の原則と精神が誠実に守られれば、日朝関係は、敵対関係から協調関係に向けて大きな歩みを始めることになる」。

「日朝関係の改善は、朝鮮半島や北東アジアの平和に役立つもので、韓国、アメリカ、ロシア、中国など、近隣諸国の安定にも大きく関わってくる。政治家として、この地域の安定の基盤作りに努力していきたい」。


戦後長らく敵対関係にあった日朝両国が、北東アジアに平和な体制を構築するべく、国交正常化に向けて動き出すことになったのだ。

ただ、当時、日本国民が最も注目していたのは、おそらくそんな「外交上の意義」ではなかった。何といっても、北朝鮮による日本人拉致問題だった。


北朝鮮に無理やり拉致された人たちはどうなったのか。無事に生きているのか。

中学一年生の時に連れ去られた横田めぐみさんは？

首脳会談で、キム・ジョンイル総書記は、北朝鮮による拉致を認め、謝罪した。

しかし、同時にもたらされた拉致被害者の安否情報は、日朝平壌宣言をはじめ、一連の「外交上の成果」をほとんどすべて吹き飛ばすことになる。

「拉致された人のうち、五人は生きているものの、八人はすでに亡くなっている」。「死亡した」とされた八人の中には、横田めぐみさんも含まれていた。あまりにも衝撃的で残酷な報告は、日本国民の心を激しく揺さぶる。多くの国民にとっては、五人が生きていた喜びよりも、八人が死亡とされた悲しみと怒りの方がはるかに大きかったのである。

会談の翌月、拉致被害者五人が帰国を果たした。しかし、国民の北朝鮮への怒りは、鎮まるどころか、むしろ加熱する。日本の対北朝鮮世論は、硬化の一途をたどった。その一方で、北朝鮮は、日朝平壌宣言の精神を無視して、核兵器やミサイルの開発を進めていく。この間、北朝鮮の指導者は、キム・ジョンイル総書記から三男のキム・ジョンウン（金正恩）総書記に交代。北朝鮮は、日本の安全保障上の脅威となり、日朝関係は極度に悪化した。

拉致問題をめぐる協議も、目立った進展がないまま、二〇一六年（平成二十八年）二月、北朝鮮が、拉致被害者に関する包括的調査の全面中止を一方的に宣言。以降、議論は止まったままで、日朝間は「没交渉」といえる状況が続いている。

そして、二〇二二年(令和四年)九月十七日。

あの日朝首脳会談から二十年が経った、節目の日。

拉致被害者の田口八重子さんの長男で、幼くして母親を拉致された飯塚耕一郎さんは、訴えた。

「この二十年を振り返って、日本政府には、被害者を取り戻す意思が本当にあったのか、疑念を感じざるを得ない。この状況を早く打破し、すべての拉致被害者の帰国を実現させるため、岸田政権には、北朝鮮への新たなアプローチも検討してほしい」。

日朝関係が停滞するなか、拉致被害者家族の高齢化は進み、この二十年で亡くなった親は八人にのぼる。今も健在な親は、有本恵子さんの父親で九十四歳の明弘さんと、横田めぐみさんの母親で八十六歳の早紀江さんの二人だけだ。早紀江さんも訴える。

「こんなに長く解決しないなんて、誰も思っていなかったですから。(総理には)一刻も早く日朝会談をしてください、お話をしてくださいって言っているんです。キム・ジョンウン総書記とお話をしてくださいって言っているんです」。

こうした家族の悲痛な訴えを、日本政府はどう受け止めているのか。

この日、岸田文雄総理大臣は、次のように述べた。

「日朝平壌宣言に基づいて、拉致・核・ミサイルといった諸懸案を解決し、不幸な過去を清算して国交正常化を目指すという方針は、今後も変わらない。宣言は、日朝双方の首脳により署名された文書であり、北朝鮮側も否定していない。宣言に基づき、確認された事項が誠実に実施されることが重要だ」。

「五人の被害者が帰国して以来、一人の帰国も実現していないことは痛恨の極みで、ご家族の切迫感をしっかり受け止めなければならない。私自身、条件を付けずにキム・ジョンウン総書記と直接、向き合う決意を述べてきた。あらゆるチャンスを逃すことなく、全力で行動していかなければならない」。

拉致被害者家族は、解決の道筋が全く見通せない状況に強い危機感を訴え、肉親の早期帰国に向けて、政府の具体的行動＝日朝首脳会談の再度の実現を強く求めている。

一方の岸田総理も、キム・ジョンウン総書記と直接、向き合う決意を示している。

家族が強く実現を求め、総理大臣も実現への決意を示す、日朝首脳会談。

それなのに、なぜ実現しないのか。いったいどうすれば、実現できるのか。


二十年前の史上初の日朝首脳会談。

戦後の日朝関係を振り返ると、この首脳会談は、実は、両国関係が最も正常化に近づいた瞬間だった。拉致被害者の帰国につながった、これまでで唯一の会談でもある。

そして、この会談の実現に至るまでには、極めて少数の当局者のみが知る、一年間の秘密交渉の存在があった。

当時の小泉総理大臣の指示のもと、北朝鮮との交渉を担ったキーマン。

それが、田中均《ひとし》・外務省アジア大洋州局長（当時）である。

田中氏は、日朝首脳会談から二十年になる今年（二〇二二年）の六月十三日、NHKの単独インタビューに応じた。インタビュアーは筆者である。筆者は日朝首脳会談当時、NHK政治部の記者で、外務省クラブに所属し、アジア大洋州局を担当していた。

そう、田中氏の「番記者」だったのだ。

ただ、当時の筆者は、まだ駆け出しの政治記者だった。田中氏のような百戦錬磨の外交官と渡り合うだけの知識と経験には欠けていて、表面的な事象を追いかけることだけで精一杯だったような気がする。日朝交渉の背景や意義について、十分に掘り下げた取材ができただろうか。記者としての社会的使命を果たせるような報道ができただろうか。長い間、そんな、悔恨というには大げさだけれども、何かもやもやした気持ちを抱えていた。だからこそ、あれから二十年が経とうという この機会に、今なお謎が多い、日朝交渉の「真実」に迫りたいと思い、田中氏にインタビューをオファーしたのだ。

一方、田中氏も七十五歳となり、日朝交渉をめぐる自分の経験を、次の世代に「残したい」という気持ちになっていた。熟慮を重ねた上で、筆者のオファーを受けることにしたという。

ただ、インタビューの実現に至るまでは、曲折があった。筆者が、田中氏にオファーしたのは、実は、前年（二〇二一年）の十一月のことである。この間、いろいろなやりとりがあったが、ある時、筆者の失言で、田中氏を怒らせてしまったことがあった。

筆者は、田中氏にこう言ったと記憶している。

「インタビューでは、これまで表に出ていない、田中さんが話したことがないような、何か新しい事実を話してほしい。そうでなければ、とても番組にすることはできない」。

筆者の言葉の中にあった、ある種の「傲慢さ」を感じ取ったのだろう。これを聞いて、田中氏は声を荒げた。

「自分は官僚で、死ぬまで守秘義務が付いて回る。絶対に話せない事柄はある。そんな言い方をするなら、番組になどしてもらわなくて結構だ」。

筆者は非礼を詫びた。そして、改めて意を強くした。だからこそ、田中氏への説得を続け、埋もれた事実を世に伝える努力をしなければならないと。

インタビューは、東京・虎ノ門のホテルオークラのスイートルームで行った。後述するが、このホテルは、田中氏が二〇〇二年(平成十四年)八月下旬、日朝交渉の概略と首脳会談の見通しについて、アメリカ政府代表団に極秘のブリーフィングを行った場所である。

私たちとしては、因縁の場所でインタビューを行うことで、田中氏に、当時の生々しいやり取りの記憶を呼び起こしてほしいという思惑もあった。

インタビューを前に、田中氏は筆者に改めて念を押した。

「自分は官僚であり、死ぬまで守秘義務がついて廻る。あまり期待しすぎないでほしい」。

結局、テレビカメラを前にしたインタビューは、三時間にも及んだ。

私たちは、この田中氏へのロングインタビューをベースにして、史上初の日朝首脳会談と、それに至るまでの秘密交渉の舞台裏を描いたニュース企画や番組を次々に制作した。そして、それらは、今年、二〇二二年（令和四年）の夏から秋にかけて、NHKの全国放送と国際放送の双方で、順次、放送されていった。

まず、七月十四日に、NHKの国際放送NHK WORLD JAPANのプライムニュース番組NEWSROOM TOKYOの特集企画として英語版が放送され、八月二十四日には、NHKBS1の「国際報道2022」の特集企画として日本語版が放送された。そして、九月十四日には、社会部による拉致被害者家族への取材も加えられて、NHK総合「クローズアップ現代　明かされる『交渉の舞台裏』日朝首脳会談20年・あのとき何が」が放送された。さらに十一月十二日には、英語版の大型番組であるNHK WORLD PRIME「JAPAN-

NORTH KOREA SUMMIT: BEHIND THE CURTAIN」が世界の約百六十の国や地域に配信されている。

一連の番組では、直接の交渉の当事者である田中氏に加え、当時、北朝鮮外務省に勤務し、後に脱北して韓国の国会議員になったテ・ヨンホ（太永浩）氏、アメリカ・ブッシュ政権の高官で、北朝鮮問題に深く関わったリチャード・アーミテージ氏やマイケル・グリーン氏、北朝鮮政治を専門とする慶應義塾大学の礒﨑敦仁教授に、オンカメラのインタビューを行い、その他の関係者へのオフカメラの取材の成果も盛り込んだ。

本書は、これらの番組を文章化し、さらに大幅に加筆したものである。番組の内容を基本としながらも、番組では収まり切れず、放送では割愛せざるを得なかった、貴重なインタビューを復活させたほか、番組では紹介しきれなかったエピソードも数多く盛り込んでいる。結果として、本書は、一連の番組よりもはるかに密度の濃い内容になっていると、個人的には考えている。

また、本書で紹介するインタビューは、当事者の話した内容を忠実に書き起こすことにし、口語的な表現、文法的にくだけた表現も、あえてそのままにした。多少読みにくいかもしれないが、一次資料だけが持つ独特の雰囲気を味わっていただきたい。

関係者へのインタビューなどのいわゆるロケ取材は、二〇二二年（令和四年）六月から九月にかけての時期に行った。このため、本書に登場する方々の肩書や年齢は、原則的に当時のものを使用している。また、本文では、敬称を略した。

二〇二二年十一月

NHK記者　増田剛

日朝極秘交渉——田中均と『ミスターX』

目次

日朝極秘交渉——田中均と『ミスターX』

第一章　日本外交の原点・朝鮮半島

1　大韓航空機爆破事件

一九八七年（昭和六十二年）の晩秋、日本全体がバブル景気に沸き立つ華やいだ時期、その事件は起きた。北朝鮮を策源地とし、世界を震撼させた国際テロ事件、大韓航空機爆破事件である。

十一月二十九日、イラクのバグダッドからアラブ首長国連邦のアブダビ、タイのバンコクを経由して、ソウルに向かう大韓航空機八五八便がインド・ベンガル湾上空で爆破され、乗員・乗客百十五人全員が犠牲となった。乗客のほとんどは、中近東への出稼ぎから帰国する韓国人労働者だったという。

爆破の実行犯として拘束されたのは、この八五八便にバクダッドから搭乗し、アブダビで降機した東アジア系の男女一人ずつ。一人は初老の男で、もう一人は若い女だった。二人は日本国のパスポートを所持し、旅券の名義は「蜂谷真一」と「蜂谷真由美」となっていた。しかし、実際のところ、二人は北朝鮮の工作員だった。後の韓国当局の取り調

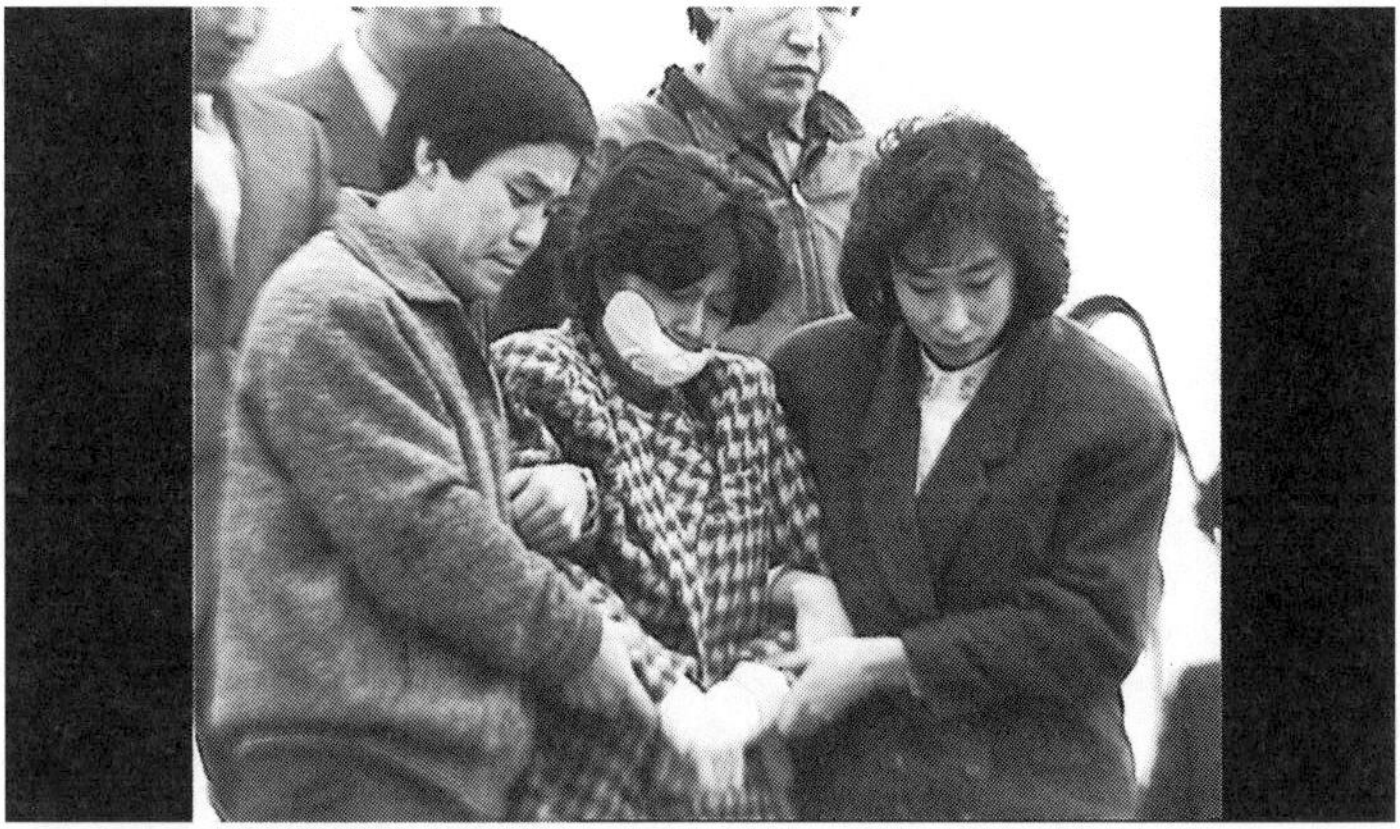

大韓航空機爆破事件の実行犯・金賢姫

べで、男は金勝一《キム・スンイル》（当時五十九歳）、女は金賢姫《キム・ヒョンヒ》（当時二十五歳）、ともに朝鮮労働党中央委員会調査部所属の特殊工作員であることが判明した。北朝鮮のスパイだった二人は、日本人の「父親」と「娘」の関係を装い、このテロを日本人の仕業と見せかけようとしていたのだ。

二人はバーレーンの空港で、当局に身柄を拘束されたが、「蜂谷真一」を名乗る初老の男は、タバコを吸うふりをして、口の中に忍ばせていた青酸カリ入りのカプセルをかみ砕き、服毒自殺した。「蜂谷真由美」も同様に、タバコに隠された毒薬で自殺を図ったが、警察官に直ちに吐き出させられ、一命を取りとめたという。「蜂谷真由美」を名乗る女の身柄は、その後、韓国へ引き渡されたが、その時、女は自殺防止用のマウスピースをくわえさせられ、口元を大きな粘着テープで覆われ、両脇を抱えられて移動した。

筆者は当時、高校三年生だったが、この大韓航空機爆破事件のニュースが、日本のテレビや新聞で大々的に報道されていたことをよく覚えている。特に、「蜂谷真由美」＝金賢姫が口元をテープで覆われ、両脇を韓国当局の男女の捜査員に抱えられながら、タラップを降りていく映像や写真は、鮮明に覚えている。国際的なベストセラー作家フレデリック・フォーサイスの『ジャッカルの日』や『オデッサ・ファイル』など、スパイ小説を読み漁っていた当時の私は、現実にこのような国際的な謀略事件が起きている、そして、実際にスパイという存在が活動しているということに、強い衝撃を受けるとともに、不謹慎な表現かもしれないが、ある種の興奮を覚えた。「普段、私たちが見ることができない国際政治の裏側を知りたい。そして伝えたい」。私が後年、ジャーナリズムの世界を志向する原点の一つになったかもしれない。

さて、この大韓航空機爆破事件が起きた時、外務省で北東アジア課長の任に就いていたのが、後に日本と北朝鮮の秘密交渉に深く関わることになる、田中均だった。

2　田中均が考えた「日本外交の原点」

田中均は、一九四七年（昭和二十二年）一月、京都市左京区で生まれた。

父親の正一は、世界を飛び廻る商社マン。戦前は、神戸の「岩井商店」を前身とする旧「岩井産業」に勤務していた。この会社は、戦後、一九六八年（昭和四十三年）には、「日商」と合併し、総合商社「日商岩井」となる。そして、バブル崩壊後の不況の中で、「ニチメン」と経営統合し、現在は「双日」となっている。後年、正一は「日商岩井」の会長にまで上り詰めた。ただ、正一は戦前、南米のペルーに赴任していた時にスパイ容疑をかけられて逮捕され、ようやく苦労して日本に戻ってきたら、今度は赤紙で中国戦線に招集されて死地をかいくぐるなど、戦争によって自らの運命を翻弄された経験を持っていた。戦争は、国家の運命を変え、それが個人の運命にも跳ね返る。このため、正一は、戦争という事態に立ち至った外交の過ちというものを強く意識していたという。

「日本が戦争という道を選んだのは間違いだった。ただ、国際関係において、国を一定の方向に導いていくために、民間の力でできることは限られている。その役割を果たすのは外交官であり、一国の外交政策だ。国際関係で仕事をしたいのであれば、外交官になったほうがいい」。

田中は、幼い頃から、こうした父の生き様やアドバイスを聞かされて育ってきた。

そんな田中が外交官を志すようになったのは、自然なことだっただろう。

地元の京都大学法学部を卒業し、一九六九年（昭和四十四年）に外務省に入省した。外務省入省後は、オックスフォード大学での留学を経て、インドネシアのジャカルタに赴任。帰国後は、外務省経済協力局で勤務し、一九七九年（昭和五十四年）、ワシントンの駐米大使館に一等書記官として赴任した。経済担当だった。四年間のアメリカ勤務の後は、外務省に戻って北米局で勤務し、一九八五年（昭和六十年）には、日米の経済関係を担当する北米第二課長に昇格。当時の日本の最大の外交課題であった日米経済摩擦の解決に取り組む。一九七〇年代の終わりから八〇年代にかけての時期は、日本の対米貿易黒字が増え続け、逆にアメリカが対日赤字と失業者の増大に苦しんでいた時期だ。

日米の経済交渉は、国益と国益がぶつかりあう激しいもので、制裁を振りかざしながら

駐米大使館在勤時代の田中均

日本に譲歩を迫るアメリカとの交渉は、とげとげしいものだった。このため、日米交渉の最前線に立った北米第二課は、当然のことながら激務であり、課の職員で毎月の残業時間が二百時間を超える者が続出したという。課長である田中も、本当に疲れ切っていた。

田中が官房人事課長に呼び出しを受けたのは、そんな時期だったという。

サラリーマンであれば、誰でもそうだと思うが、人事課長からの呼び出しと言うと、緊張するものだ。用件は何だろうか。

行ってみると、なんと、次のポストについて、非公式に希望を聞かれたのである。

こういうことは、通常では、あまりない。ただ、自分がやりたい仕事をするための大きなチャンスでもある。田中も少々、当惑したが、はっきりと自らの希望を伝えた。

「北米局の日米安全保障課長か、アジア局の北東アジア課長にしてほしい」。

日米安全保障課長は、日本外交の基軸である日米関係の核心部分といえる日米安全保障条約を所管するポストだ。田中は、経済からアプローチしたアメリカとの関係を、今度は安全保障を通じて考えたいと思ったのだ。

もう一つの北東アジア課長は、対韓国・北朝鮮外交を現場で統括するポストだ。日本に最も近接した朝鮮半島の問題は、日本の安全と繁栄に直接的な影響をもたらすという意味で、日本外交の原点である。「日本の外交の原点を自分の手で触ってみたい」。田中はそう考えていた。

田中は、二〇二二年（令和四年）六月十三日、NHKとの単独インタビューの中で、この時のことを次のように語っている。インタビュアーは筆者である。

「まず田中さんと朝鮮半島との関わりについての始まりからお聞きしたい。一九八七年当時、それまで主に外務省で対米関係を担当していた田中さんが、自ら希望して北東アジア

田中均にインタビューする筆者

課長になられた。その理由は何だったんでしょうか」。

私はそれまで、朝鮮半島に行ったことがなかった。ソウルにも一回も行ったことがなかったんです。韓国の人と話したこともなかった。ましてや在日の人に会ったこともなかったんです。ただ、僕はずっとアメリカのことをやっていてね、やっぱり日本の外交の原点というのは朝鮮半島だと考えていた。というのは、歴史を見ればわかるんですけど、日本の安全保障観というのは、朝鮮から脅威を感じていたんですよね。そこにロシアとか中国が入って来るのを何としてでも防ぎたい。それはもう何百年もそうだったわけですよね。豊臣秀吉の朝鮮出兵とか、日清戦争、日露戦争、それから日韓併合ですね。すべてそういう安全保障の認識から、日本は、朝鮮半島を取って中国に向かうっていうことだった。それで、やっぱり僕は、日本の外交の原点は朝鮮半島だと思ったんです。戦後、日本に六十数万の在日韓国・朝鮮の人がいて、もう全ての課題があるんですよね。過去の歴史の後始末とか、在日の人たちの人権問題。それだけじゃなくて、まさにさっき申し上げた安全保障の観点。それから韓国との複雑な関係をいかにするかとか。それから北朝鮮ですね。北朝鮮と全くコンタクトがない状況。そういうものに、私自身、触れてみたかった。これが日本の外交の原点だから、自分ができることは何かということを見てみたかったんです。

希望の一つがかなって、田中は北東アジア課長に就任した。

一九八七年、当時のアメリカのロナルド・レーガン大統領とソ連共産党のミハイル・ゴルバチョフ書記長が、ＩＮＦ・中距離核戦力全廃条約に調印するなど、東西冷戦は、終結へと向かいつつあった。しかし、朝鮮半島には、南北の分断が厳然としてあり、そのこと自体が、日本の平和に対する脅威になっていた。北東アジア課長になって、朝鮮半島に平和を構築するという作業は、朝鮮半島を植民地支配していた歴史からみても、日本外交が最も能動的に取り組む課題だ。田中の心は奮い立った。

そんな田中が北東アジア課長に就任した直後、彼のその後の外交官人生を大きく左右するような出来事が起きた。冒頭の大韓航空機爆破事件である。

3 「造花のような美女」金賢姫

建国以来、長く軍事政権が続いてきた大韓民国・韓国は、この頃、経済発展が進み、一九八八年（昭和六十三年）には、ソウル・オリンピックの開催も決まって、政治も民主化に向かって大きく舵を切っていた。粛軍クーデターから政権の座についたチョン・ドゥファン（全斗煥）大統領の引退が決まり、一九八七年（昭和六十二年）十二月十六日には、国民の直接選挙による大統領選挙を予定していた。その直前に起きたのが、大韓航空機爆破事件である。

乗員・乗客百十五人全員の生命を奪ったこの残虐な事件は、実行犯である金賢姫の自供により、北朝鮮による国家テロであったことは間違いないと考えられている。（北朝鮮は現在も事件への関与を否定している）。テロの目的は、▽韓国大統領選挙を前に、与党候補に打撃を与えるとともに、韓国社会を混乱に陥れること、▽大韓航空及び韓国政府の国際社会における信頼性を低下させ、翌年に行われるソウル・オリンピックの開催を妨害することだった。

前述のように、事件の実行犯のうち一人は服毒自殺したが、生き残った女性工作員、金賢姫は、十二月十五日にソウルに移送されている。ちなみに翌日の大統領選挙では、与党候補のノ・テウ（盧泰愚）が、野党の両雄、キム・ヨンサム（金泳三）とキム・デジュン（金大中）を破って当選した。北朝鮮の目論見は、さっそく外れたのである。

日本政府は、北朝鮮によるテロ事件に日本の偽造旅券が使われ、日本人の関与が偽装された事態を重く見ていた。そして、日朝間の外交官同士の第三国での接触制限、航空機の乗り入れ禁止、北朝鮮公務員の入国禁止などの対北朝鮮制裁を発動した。

制裁を発動するにあたっては、まずアメリカが「制裁をやろう」と持ち掛けてきた。ただ、日本政府としては、「これは北朝鮮の組織的犯行かどうか、自分の目で確かめる必要がある」と判断し、北東アジア課長である田中を韓国に派遣したのである。

田中は、この時の事情をＮＨＫとのインタビューで次のように語っている。

米国が、北朝鮮の犯罪だということを断定して、北朝鮮に対して制裁を打ったわけですね。それで日本も制裁を打つべきだという議論になったんです。だけど、自分の目でね、やっぱりこれは北朝鮮のエージェントだと。北朝鮮の工作によって大韓航空機が爆破されたということを確実に認識するために、本人に会わなきゃいけないということで、当時の外務大臣の指示で私は金賢姫に会いに行ったんです。ソウルに会いに行った時、最初、韓国は頑なに拒否した。なぜ自分たちが断定しているのに、日本が金賢姫の聴取をしなきゃいかんのかと。自分たちの判断を尊重してくれていいじゃないかということだったんですね。それで、ちょうどその時に私の友人がソウルのアメリカ大使館にいたんです。次席公使でね。彼に会いに行ったら、彼は言うんですよ。自分たちはもう当然会っていると。ソウルのアメリカ大使館には、北朝鮮の人を専門的に聴取する人がいるわけです。そういうことから韓国政府にアメリカに会わせて日本に会わせないのかと断じこんでね、結果的に、私が金賢姫と会うことになった。

田中は、韓国外務部（当時）のアジア局長の部屋から大使館の通訳とともに、国家安全企画部（前身はＫＣＩＡ・韓国中央情報部）の部員に連れられ、ソウル郊外の南山という山の中腹にある山荘に赴いた。山荘の扉が開いた途端、現れたのは、まだ二十六歳だった金賢姫だった。銀色のアノラックに黒いロングスカート。整った顔立ちの中に、北朝鮮の工作員らしく険しい表情を浮かべていた。田中はこの面会の時の様子をよく覚えている。

ＫＣＩＡが確保している山小屋ですね。そこで金賢姫に会ったんです。僕は、韓国語はできないので、大使館の韓国語がとってもよくできる人を連れて、金賢姫に会った。金賢姫自身、日本語ができるわけで、韓国語の聴取だったんだけれども、日本語を交えながら聴取をした。その時の私の印象はね、やっぱりものすごい驚きだった。なぜかというと、彼女はとってもエリートで、北朝鮮の平壌の外語大学を出たエリートで、その

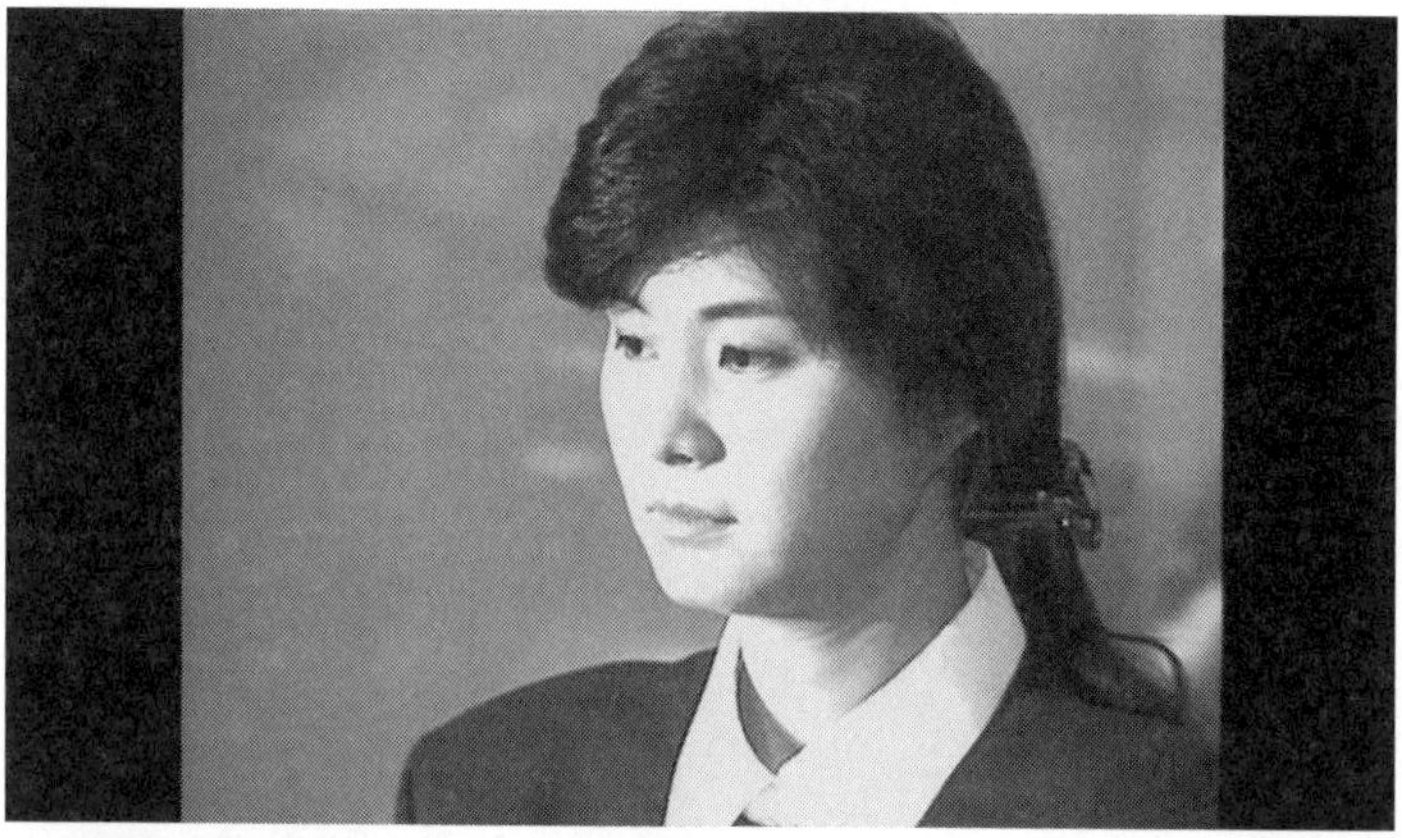
金賢姫元死刑囚

彼女がなぜ大韓航空機に爆弾を仕掛けるようなことをやったのかと、そもそも疑問を抱かなかったのかということを聞いたんです。いろいろとね。果たして誰から指示を受けたんだと。どうして疑いをしなかったんだということを聞いた。それで彼女が言ったのは、「自分は三歳の時からずっと、外の世界というのは作られた世界だと教えられてきた。自分たちの朝鮮民主主義人民共和国という世界が最も優れた世界で、他の世界というのは、繁栄しているかもしれないけど、それは資本主義による収奪なんだということを、ずっと教育を受けてきた。だから、それを信じる以外にないんです」ということを言うんですよね。だから、ああ、そうかという気がしてね。

金賢姫は、長年訓練を受けた工作員として、人間を感じさせない「造花」のような雰囲気を持っていた。実際、田中は、事情聴取の内容を詳細に記した公電を外務省に送っているが、この中で金賢姫について「造花のような、研ぎ澄まされた美しさ」だったと記している。

ただ、田中は、今はこのエピソードについて聞かれることが嫌なようだ。というのは、田中のかつての同僚が、その外務官僚人生を振り返った著書の中で、田中が金賢姫の容姿の美しさを強調していたことにわざわざ触れ、それを批判的に記している。そのことが影響しているのかもしれない。

4 「拉致疑惑」から「拉致問題」へ

金賢姫は、三歳の頃から徹底的な思想教育を受け、「北朝鮮の外に存在する世界はすべて虚構だ」と教えられ、「大韓航空機に時限爆弾を仕掛けるべし」という北朝鮮指導部の

拉致被害者・田口八重子さん

指示を何一つ疑わなかった。そんな金賢姫は、この田中の事情聴取の中で、ある重大な証言をしている。スパイとして日本人になりすますため、徹底した日本語教育を受ける中で、彼女は、北朝鮮に連れて来られた日本人女性から、じかに日本語を教えてもらったというのだ。

彼女は「自分は日本から北朝鮮に連れて来られた人に日本語を習ったんだ」と言っていました。その人はリ・ウネ（李恩恵）といわれていましたね。「『週刊文春』とか『文藝春秋』を教材にして日本語を習いました」ということを言ったわけです。

日本政府は、この「リ・ウネ」が北朝鮮による日本人拉致被害者の田口八重子さんであるとみている。金賢姫は一連の取り調べの中で、一九八一年（昭和五十六年）七月から一九八三年（昭和五十八年）三月までのおよそ二十か月間、「リ・ウネ」という日本から拉致されてきた女性と起居を共にし、一対一で日本人化教育を受けたと証言している。この日本人化教育は、言葉だけでなく、日本人の所作や習慣、化粧の仕方、考え方に至るまで学び、完全な日本人に成りきることを目標としたという。

それまで拉致というのは一種の疑いだったわけです。疑いだったんだけれども、その時に初めて、北朝鮮の工作員の口から「日本から連れられてきた人に日本語を習った」、「彼女は毎晩のように泣いていた」という話を聞くことができた。初めて北朝鮮のエージェントの口から、拉致された日本人がいるということを確認できて、拉致が確実になったんです。

私は捜査権を持っているわけじゃないので、私が外交官としてやったことは、韓国政府に話をして、日本から警察官を派遣して本格的な捜査をするということで合意を作った。それでしばらく経って、日本から捜査官がソウルに来てね。それでいろんなことを調べていったっていう経緯です。私はもちろん、朝鮮半島の歴史とか日本との関わり合いについいて勉強はしていましたけど、やっぱり現実にそういうことがあるんだと。日本の安全というのは侵されているんだということを間近に感じた機会でした。

（筆者質問）「奇しくも田中さんは、日本人として初めて金賢姫の証言を聞き、拉致の事実を確認した」。

そうなんです。だからある意味、僕の気持ちの中にね、これは、機会があれば、自分が解明していかなければいけないんだよなという気持ちはできましたけれどね。

この瞬間、「拉致疑惑」は「拉致事件」となり、政治・外交的には「拉致問題」となった。そして、これは、田中と拉致問題との長い関わり合いのスタートでもあった。

田中は、インタビューの中で、拉致問題こそは、日本が主体的に取り組まなければならない課題だと強調している。

この朝鮮半島、志願して担当課長になってね。これは外交の原点なんだということを考えた時に、私は、迫られてやることと自分自身でやることがあると思ったんです。拉致の問題だって、要するに日本の主権が侵されたんですよ。白昼堂々、日本の国民が連れ去られてしまった。本来は、それを防がなければいけなかったわけだけれども、防げなくて連れ去られてしまった。それは、日本自身で解決しなければいけない話なんです。だから昨今、アメリカに頼むとか、そういうことっていうのは、どうも私にはしっくりこない。やっぱり日本自身が、直接解明しなければいけない問題だと思う。だから二年少しでしたけど、担当課長の経験っていうのはありがたい経験でした。

5　一九九〇年代　北朝鮮核危機と日本の危機管理

北朝鮮による大韓航空機爆破事件は、世界を恐怖に陥れ、とりわけ日本では拉致事件への怒りが沸騰した。そこに追い打ちをかけたのが、核開発疑惑である。一九八九年（平成元年）に入り、アメリカ中央情報局（ＣＩＡ）のミッションが来日し、田中ら日本の関係者を対象に極秘ブリーフィングを行った。アメリカ側は、北朝鮮のニョンビョン（寧辺）地区を撮影した衛星写真を示し、核関連施設に特殊な動きがあると説明した。北朝鮮は軍事的な核開発を進めている疑いがあるというのだ。当時の田中にとっては、驚天動地の報告であり、後ろ髪を引かれる思いもあったが、イギリスへの赴任が決まっていた田中は、この秋、二年間務めた北東アジア課を離れた。

田中が日本に戻ったのは、一九九三年（平成五年）の夏。ポストは、新設の総合外交政策局総務課長だった。縦割りになりがちな外務省各局の垣根を超えた、総合的な政策調整だとか、中長期的な視点に立った政策の企画立案などが期待された部署である。

この時期に勃発したのが、一九九四年（平成六年）に緊張が頂点に達した、北朝鮮第一次核危機だった。北朝鮮は当時、ＮＰＴ（核拡散防止条約）に加盟しており、ＩＡＥＡ（国際原子力機関）の査察を受けることになっていた。ところが、北朝鮮は、このＩＡＥＡの査察官を追い出し、ニョンビョンの原子炉から核燃料棒を取り出し再処理することで、プルトニウムを抽出するという挙に出た。明確なＩＡＥＡ協定違反である。国連の制裁決議が議論されることになった。田中はこの重大な局面での危機管理を担当した。

一九九四年の核危機の時に、北朝鮮はＩＡＥＡの査察官を追い出して、ＮＰＴ・核拡散防止条約から脱退すると言い出した。それで世界中が危機になったんですよ。だから、制裁を打たなきゃいけないという話になって。そうすると、北朝鮮のスポークスマンが高らかに「経済制裁の実施は宣戦布告を意味する」と言い放った。いや、それはブラフ（脅し）だろうということではあったけれども、やっぱりそう言われて、何もしないわけにはいかないわけです。ですから、当時の石原信雄副官房長官のもと、ほとんどの省庁が集まって。私は外務省の代表でしたが、危機管理計画を作ろうということになった。北朝鮮が韓国に攻撃を仕掛けた日がＤＡＹ1で、ＤＡＹ100までのプランです。百日経ったら北朝鮮は駆逐されるという想定ですが、この百日の間、日本は何ができるか、何をしなきゃいけないかをシミュレーションしたわけです。そうすると、まずソウルにいる日本人を退避させなきゃいけない。退避させるためには、飛行機をソウルの空港に持っていくかと考えたが、戦時においてソウルの空港は閉まっている。では、ソウルからバスで退避させ、プサン（釜山）まで持ってきて、プサンから船で退避してもらう。僕はいまだに覚えていますが、当時の運輸省に行って、チャーター船を出してくれって言ったら、「田中さん、馬鹿なことを言うんじゃないよ。船員組合が戦時の韓国に船をチャーターして行くわけないじゃないか」と言われてね。

それから当然、日本国内で破壊活動が行われる危険性があったわけですよね。そうすると、原子力発電所とか、新幹線のサボタージュとか、それを一体、誰が取り締まるのかとなった。原子力発電所に警察が行って防護するわけにいかないでしょうと。それから当然、在日米軍は朝鮮半島で戦うために日本に補給を頼むだろうと。燃料であるとか食料であるとか。日本はそういうことができる体制になっているか。もう本当に私は唖然としましたけど、何の法制もないんです。

当時、核危機が、戦争、軍事衝突に発展する可能性は、万が一というような悠長なものではなく、日本としても最悪の事態を想定する必要があった。北朝鮮が三十八度線を越え

て、韓国に進撃してきた時、どんなことが起こり得るのか。アメリカが北朝鮮への攻撃を開始した場合、どのような協力が可能なのか。朝鮮半島からの邦人救出、日本への攻撃や日本国内でのテロ活動の可能性、北朝鮮の難民対策など、検討しなければならない課題は膨大にあったはずだが、田中が唖然としたように、当時の日本は、有事を想定した法整備が全くできていなかった。あの時、もし戦争に突入していたら、日本にはなすすべがなかったのである。超法規的措置を取るよりほかはなかった。有事関連法制や安全保障関連法制が整備されるのは、ずっと後年のことである。

結局、一九九四年（平成六年）六月、アメリカのカーター元大統領がピョンヤン（平壌）を訪問し、北朝鮮の指導者、キム・イルソン（金日成）と会談して、平和的解決の合意がなされ、危機はいったん収束した。この時に成立したのが、いわゆる米朝枠組み合意で、▽北朝鮮が、プルトニウムを抽出可能な黒鉛減速炉の稼働を凍結する、▽その見返りに、軽水炉二基を北朝鮮に提供し、▽さらにその軽水炉が完成するまでの代替エネルギーとして年間五十万トンの重油を供給するという内容である。このプロジェクトを遂行するため、一九九五年（平成七年）には、ＫＥＤＯ・朝鮮半島エネルギー開発機構が設立され、北朝鮮の核問題は解決に向かうかに見えた。

しかし、一九九八年（平成十年）八月三十一日、北朝鮮が日本海に向けて、弾道ミサイル「テポドン」の発射実験を実施。一気に日朝関係は緊張した。

さらに、アメリカでは、二〇〇一年（平成十三年）、民主党のクリントン政権に代わって、共和党のブッシュ政権が成立。チェイニー副大統領やラムズフェルド国防長官、ボルトン国務次官らの、いわゆる「ネオコン」勢が力を持つようになると、北朝鮮はさらに態度を硬化していく。

そんなタイミングで発生したのが、二〇〇一年（平成十三年）九月十一日のニューヨーク同時多発テロ事件だった。翌年の一般教書演説で、ブッシュ大統領は、イラン、イラク、北朝鮮を「悪の枢軸」と呼び、彼ら「ならず者国家」が、テロや大量破壊兵器を拡散していると非難。政権周辺のネオコンたちは、先制攻撃の必要性を主張した。

一方、第一次北朝鮮核危機への対応で経験を積んだ田中は、その後、北米局審議官として、日米防衛協力の指針・ガイドラインの整備に取り組み、さらに、サンフランシスコ総領事、経済局長と、キャリアを重ねていた。そして同時多発テロ事件が起きた直後、念願のアジア大洋州局長に就任する。これについて、田中は次のように語っている。

総合外交政策局総務課長として、核の問題や危機管理に携わることができたというのは、その後のアジア局長になった時の北朝鮮との交渉とかそういうことに、ものすごく役に立ちました。

総合外交政策局総務課長の後、北米局の審議官、日米安保条約の実務的な責任者として、朝鮮半島や台湾の有事に備えるような、日米防衛協力のガイドラインを作ったわけですね。だけど、備えを強くすること、防衛力を強化することは必要だけど、本来必要なのは、戦争を起こさないことじゃないですか。いかにして問題を外交で解決するか。そういう観点から、私はどうしてもアジア局長になりたかった。外交によって日本の安全保障を担保する上では、やっぱり朝鮮半島や中国の問題を解決していかなければいけないと思ったんです。

私にとって幸運だったのは、ちょうどその時に、非常に決断力が豊かで、決してぶれない総理大臣だったってことです。小泉さんが首相になられたのが、二〇〇一年の四月でしたかね。私はアジア局長に二〇〇一年の九月になったわけですよね。ですから、私自身は、自分の今まで得てきた外務省のキャリアの全てを、このポストに打ち込みたいと思いました。

この小泉純一郎総理大臣のもとで、いよいよ日本と北朝鮮の秘密交渉が開幕する。

第二章　日朝秘密交渉開幕

1　小泉総理大臣への直訴

二〇〇一年（平成十三年）九月二十八日、アジア大洋州局長に就任したばかりの田中は、総理大臣官邸に足を運び、時の小泉純一郎総理大臣と向き合った。田中は、自分と北朝鮮との関わり合いを説明した上で、どうしても北朝鮮と交渉をし、拉致問題の解決や核・ミサイル問題、ひいては北朝鮮との国交正常化に道を開きたいと伝えた。

北朝鮮問題は、日本の国益に直結する多くの重く深刻な課題を含んでいる。北朝鮮の核兵器やミサイルの開発が日本の安全保障にもたらす脅威。拉致という日本人の生命に関わる問題。過去の清算とその帰結としての国交正常化。「こうした難題に風穴を開けたい」と、時の最高権力者にいわば「直訴」したのである。

また、田中が「直訴」に踏み切った背景には、別の理由もあった。田中は、当時の外務省事務次官に「日朝正常化に向けて水面下の交渉を進めたい」と提案していた。しかし、その反応は「外務省だけでは背負えない」というものだった。官僚が下から上げるには、

インタビューでの田中均

危険すぎる案件なのだ。北朝鮮との国交正常化を歓迎しない保守勢力が一斉につぶしにかかるかもしれない。それを防ぐためには、政治のトップの理解と支持を取りつけるしかない。

田中は、NHKのインタビューで、この時の小泉との会談の様子を語っている。

私は、自分がやってきたことを話したんです。北東アジア課長から始まって、総合外交政策局総務課長として危機管理をやりましたと。それから、朝鮮半島有事を念頭に安全保障の備えをつくるために、北米局審議官としてガイドラインを作りましたと。その上で、私がやりたいのは、やっぱり朝鮮半島における問題解決なんだと。何としてでも活路を開きたいと。それで、交渉してもいいですかという話をしたら、小泉さんは何を言ったかっていうと、「田中さん。それ、やってくれ」って。「だけど、絶対に秘密だ」と。要するに「他の人に言わないでいい。秘密だよ。というのは、人の命がかかっているから」と言われたわけです。

これにより、徹底した「保秘」＝秘密保持が、日朝交渉の大原則となった。

なぜなら、ことは、拉致という人の命が関わる問題である。それについて交渉していることが外に漏れた場合、不測の事態が生じる恐れすらあった。さらに、国交がない国、北朝鮮との交渉は、中途半端な形で明らかになると、交渉自体がつぶれかねない。慎重にならざるを得ない。また、秘密保持の原則と、多くの関係者が協議することとは、往々にして相容れない。このため、報告や相談を受けるべき立場にある少数の人のみとの協議で進めていかざるを得ない。

とりわけ、秘密保持についての小泉総理の指示は厳格だった。

官邸は、小泉自身と福田康夫官房長官、古川貞二郎官房副長官、総理大臣秘書官の別

所浩郎のみ。外務省は、野上義二事務次官（二〇〇二年一月からは後任の竹内行夫事務次官）、田中と担当課長（平松賢司北東アジア課長）のみ。

拉致問題の解決に情熱を燃やしていた安倍晋三官房副長官すら蚊帳の外に置かれた。

ただ、二〇〇二年（平成十四年）一月、外務大臣が田中眞紀子から川口順子に代わってからは、川口もこの「秘密サークル」に加わった。

田中は、この秘密保持について、次のように語っている。

（小泉から交渉の許可が下りたのが）二〇〇一年の九月でしょ。それで実際に一年間交渉した後、二〇〇二年の九月に小泉訪朝となるわけですが。そんなに簡単じゃないんですよ、秘密にするってことは。私なんか局長でしたから、在任中にいろんなことが起こるわけですよね。例えば、瀋陽の脱北者の駆け込み事件とか、当時は国会で答弁しなければいけなかったし、非常に目につくわけですよ。どこに行くにもメディアの人たちがいるからね。だから、秘密を守るっていうのは、ものすごく難しいことですよ。だけど、僕は、総理の指示の理屈がよくわかりましたから。決して外に出してはいけないし、秘

密でやらなきゃいけないという意味をよくわかったから、秘密を守り通しましたけどね。楽じゃなかったですよね。

――（筆者質問）「秘密保持を貫くために、交渉は週末に出かけたりしたとか」。

交渉は週末でしたね。だから土日。土曜日の朝。当時は日本航空で大連に行って、大連で交渉する。北朝鮮は、多くの場合、車で平壌から国境を越えて大連に来ていた。平壌から飛行機で北京に行って、北京から中国の国内線で大連に来ることもありましたけど、ほとんどは車で来ていたようですね。

田中は、二〇〇一年（平成十三年）十月から二〇〇二年（平成十四年）九月の日朝首脳会談までの一年間、北朝鮮と三十回近く交渉を行った。交渉は、秘密を守るため、ほとんどの場合、週末を利用して行われた。交渉前の木曜日か金曜日に必ず官邸に、小泉総理か福田官房長官を訪ねて事前の打合せを行い、帰国した後の月曜日か火曜日に再び官邸を訪れ

中国・大連

て報告をするということを一年間、繰り返していたのである。このため、この間、新聞の「首相動静」欄には、田中の名前が頻繁に載っている。それにも関わらず、一年間、交渉の秘密が守り通されていたのは、筆者が政治記者であっただけに、驚きを禁じ得ない。

また、北朝鮮との交渉は、主に中国の大連や北京にあるホテルのスイートルームで行われたが、上海やシンガポールで行われることもあった。ただ、同じホテルを続けて使うと、ホテルの従業員や常連客に顔を覚えられる可能性もある。交渉の秘密が漏れるきっかけにもなりかねない。このため、例えば、大連では、五つ程度のホテルを順繰りに廻すなどの工夫をしていたという。

交渉は、だいたい、土曜日の昼から夜にかけて十時間くらい、そして翌日、日曜日の午前中に三時間くらい、行われたという。そして、午後には、帰国の途に就く。田中が東京の自宅に戻るのは、日曜日の夜遅く。妻にも娘にも、「出張だ」と告げるだけで、どこに行っていたのか、何をしていたのか、一切、明かさなかった。

2 「ミスターX」の登場

二〇〇一年（平成十三年）晩秋のある土曜日、田中は、北朝鮮との初めての交渉に臨むべく、中国・大連の飛行場に降り立った。東京からは、直行便でわずか二時間の距離だ。田中が大連を訪れたのは、この時が初めてだった。

交渉が始まる前に、田中は大連市内を見て廻ることにした。いまだに旧満鉄（南満州鉄道株式会社）の本部は残っており、マンホールには、満鉄の刻印が刻まれたままである。関東軍の将校たちがたむろしていたに違いない大和ホテルに足を踏み入れると、戦前・昭和前期の世界が戻ってきたようだった。至る所に、一時期、この街を統治していた帝政ロ

大連市街

シアや大日本帝国の痕跡が残っている。歴史に翻弄された街ではあるが、今は高層ビル群がそびえ立ち、中国の近代化を象徴するような美しい都市になっている。

交渉の場所は、大連市の中心部にあるシャングリラ・ホテルのスイートルームだった。会議室を借りると目立つため、スイートルームを予約して、そこに大きめのテーブルや椅子を運び入れたのである。

ここで田中は、北朝鮮側のカウンターパートと初めて出会う。のちに日本で、「ミスターX」と呼ばれることになる男である。田中が交渉の日本側のキーマンであるなら、この男が北朝鮮側のキーマンだった。

ホテル・スイートルーム

Xは中肉中背で色白の男だった。年の頃は四十くらいだろうか。「優男だな」というのが、田中をはじめ交渉参加者の第一印象だった。

この時の日本側の交渉参加者は四人。田中と平松北東アジア課長、ノートテイカー（記録係）の事務官と通訳だった。その後の交渉も、基本的にこの四人が参加した。

北朝鮮側も四人だった。Xと副官、事務官と通訳である。

といっても、北朝鮮側の四人がそろって部屋に姿を現すことはない。いつもばらばらにやって来た。また、彼らは、交渉のテーブルでは、必ず窓に背を向けて座り、窓のカーテンやブラインドを下ろすことを提案した。それが北朝鮮交渉団の流儀だった。

初めて会った時、Xは名前をこう名乗った。

「キム・チョル（金哲）と申します」。「私は国防委員会に所属しています」。

国防委員会は、当時の北朝鮮の最高指導機関である。しかし、田中は、Xが名乗った名前については、偽名だろうと考えていた。田中は、インタビューでこう述べている。

――（筆者質問）「一応、彼は名前を名乗ったわけですよね」。

――名乗りましたね。名前、名乗ったけれど、僕はそれを信じていませんから。

Xの印象については、次のように述べている。

――私よりは、たぶん十五歳ぐらい若かったでしょうね。彼は、アフリカの大使館にいたことがあるって言っていましたけど、おそらく、私に対して自分の身元を明かすようなことは、言わないというのが、北朝鮮のこういう交渉の鉄則だったんだろうと思うんですね。だから、彼が言っていることから推測するしかなかったけれど、軍人であることは明らかだったですね。軍人としての覚悟みたいなものは感じられました。

どういう本を読んでいるんだって聞くと、戦前の日本陸軍の教本とか、それから諜報の本とか、日本の中野学校とかね、そういう本を読んでいるって言っていました。だから、彼は明らかに、諜報機関、情報機関のトップであったことは間違いない。なぜかっていうと、日本のテレビ、NHKなんて、毎日見ているって言いましたよ。それから雑誌やその類について翻訳されたものが、自分のところに上がってくるんだという話をしていました。まさに情報機関ですね。情報機関のトップとして外国にもいたということで、情報についていては非常に詳しいという印象を受けました。

田中は、初対面の時から、Xがまとう、軍人、特に諜報機関の人間特有の雰囲気を感じ取っていたが、その後の交渉では、Xが、自ら軍人であることをアピールする場面もあった。

「ミスターX」（イメージ）

ある時、冬の十一月ぐらいでしたかね。オーバーをパーンと脱いだらね、真っ黒な軍服を着ているんですよ。そこに勲章がバーッと付いていてね。いったい何のためにこんな軍服を僕に見せるんだろうかと思いましたけど、自分はこの交渉に命をかけているんだと、そういう意思表示だったのかもしれない。よく話していました。「自分はやっぱり軍なんだ」と。「従って、この交渉がうまくいかなかったら、責任を取らなきゃいけない。往々にして、北朝鮮の場合には、それは、死なんだ」と。「田中さんは、せいぜい更迭されるぐらいなんでしょうね」というようなことを言っていました。現に、最終的には彼は処刑されてしまったという話を聞いています。
長い時間、彼と一緒に過ごしたわけですが、何というのかな、やっぱり軍人で命を懸けた人の覚悟みたいな、そういうものを、僕はひしひしと感じました。だから、私自身が中途半端な気持ちで交渉するわけにいかないと。そこで私が最初に心に決めたのは、うそは絶対に言わないと。よく外交交渉をやるときに、相手を喜ばせるため、実現できないことを平気で語る人はいるんですよね。だけど北朝鮮の場合、一旦それをやると、必ず破たんすると私は思った。北朝鮮は、交渉の内容を全てテープに録っているんです。何回も巻き戻しをして、私が整合性のないことを言ってないかどうかをチェックしている。だから、ものすごく気を遣いました。最初に話したことと、何時間後に話すことが、矛盾していてはいけないという意味でね。非常に厳しい交渉でした。

余談だが、交渉の初めの頃、一回だけ、日本側と北朝鮮側がホテルの部屋で会食したことがあった。その際、なんとXは酒を飲み過ぎて酩酊してしまい、副官に抱えられるようにして部屋から連れ出されたのを、田中は覚えている。Xも副官も相互監視の中で、交渉

の内容や起こったことなど、全てを本国に報告しなければならないのだろう。Xはその後、二度と酒を口にすることはなかった。

ところで、そもそも田中はXとの交渉ルートをどのように築いたのか。これについても、田中はインタビューで明らかにしている。

（北朝鮮をめぐっては）歴代のアジア局長がいろんな意味で相手との接触を試みて、接触した人もあれば、接触できなかった人もいる。それで、私の前任のアジア局長が、そういう意味で接触をしたんです。その接触をした相手が、北朝鮮の外務省の人だったんですけれど、私がアジア局長になった最初の会合から、ミスターXといわれるその人物、北朝鮮の情報機関のトップですね。それが出てきたということです。だから、ルートそのものは以前から存在していた。ただ、実態が少し変わってきたということだと思います。

（筆者質問）「ルート自体は前任者からの引き継ぎだったけれど、田中さんが交渉を始めるにあたって出席してきた人間が違っていたと？」。

それはまさに拉致の問題があったからです。彼らは最初から拉致を認めていたわけじゃないんですよ。行方不明者ということだったんですけど、そういうことって、外務省の人は一切話ができないわけで。だから、そういうことを話したいという私たちの要請に応じて、彼が出てきたということだと思います。彼のような人でなければ、なかなか拉致の問題は難しかったと思いますね。

北朝鮮の外務省の人は、トップの言うことをオウム返しに言う。ところが、彼は軍人で、情報機関のトップだから、自分の考えが言える。あるいは、物事を作っていくことについて、比較的裁量を持っているんです。やっぱり北朝鮮のような国の場合には、権力と直結した人と交渉しないと、全く話が進んでいかないと、僕は思いましたね。

私たちは、二〇〇二年九月の日朝首脳会談に至る一年間の日朝秘密交渉について、当時

元北朝鮮外交官テ・ヨンホ（太永浩）

の北朝鮮側の思惑や事情について探るべく、ある脱北者にインタビューを行った。北朝鮮の元外交官で、現在、韓国の国会議員を務めるテ・ヨンホ（太永浩）である。彼は、二〇〇二年当時、北朝鮮外務省の欧州局でEU・ヨーロッパ連合担当課長を務めていた。インタビュアーはNHKソウル支局の青木良行支局長である。

テ・ヨンホがインタビューで語った北朝鮮政府内の事情は、田中が語った内容と符合し、それを裏付けるものだった。

――北朝鮮の外交官は、日本人拉致被害者の安否、どこにいるのかについて、全く知りません。国家安全保衛部出身者だけが知っていて、彼らは、外交官と資料を絶対に共有しません。
外交官は、拉致について知らないので、日本との交渉で主導権を握ることができません。知らない問題について話さなければならないので、この問題を知っている国家安全保衛部出身者が出てきて交渉を主導しなければならないと私たちは考えていました。だから、この二十年余りの間、日本との交渉は国家安全保衛部出身者が主導してきたんです。

国家安全保衛部とは、北朝鮮の秘密警察・情報機関である。田中とテ・ヨンホの証言をあわせて考えると、Xが国家安全保衛部出身だった可能性は極めて高いと思われる。

3　キーワードは「大きな平和」

こうして始まった日朝交渉だが、当初は、極めて厳しい原則論の繰り返しだった。田中はこのように語る。

（Xの）一番最初のせりふは「自分のおばあさんは日本名を持っていた」っていうところから始まってね。彼らが言うことですから、必ずしも真に受けているわけではないですけど、「日本は、朝鮮半島を植民地化し朝鮮人から名前を奪い、朝鮮半島から六百万人を徴用した」。「一人一人、誰がどこに行ってどうなったかを調べて教えてほしい」とかね。

全く取りつく島がなかったが、田中は、まずは彼らの言い分を聞くことにした。

私は最初、思ったんです。彼が言うことをずっと真剣に聞いてやろうと。私自身が外務省で交渉をやった経験が非常に大きいですね。アメリカとかいろんな国との交渉をやって思ったのは、相手に信頼させるためには、自分のことだけを言う、相手を言いくるめるというスタイルじゃなくて、相手の言うことを聞かなくてはならない。相手の言うことにきちんと答えようという意識をずっと持っていました。だから、交渉に必要な誠意みたいなもの、そういうものを、相手に感じさせられるかどうかが非常に大きなポ

――イントだと思います。

何週間も無味乾燥なやりとりが続いたが、やがて北朝鮮の態度に変化がみられるようになったという。

――ある時期から、「ための議論」をしなくなったんですよ。「ための議論」というのは、要するに「日本は朝鮮人を徴用した、まずはそれをどうにかしろ」とかね。「日本の謝罪が第一だ」とか「補償しろ」とか、そういう型にはまった要求みたいなことはしなくなりました。

何度かの交渉の後、田中は、朝鮮半島問題についての自らの思いと経験を、率直に相手にぶつけることにした。それによって、交渉の土俵ができるかもしれないと考えたのだ。

大韓航空機爆破事件で金賢姫と面会したこと、北朝鮮に制裁を課したこと、第一次核危機に際して国連制裁案を起案したこと、ＫＥＤＯ（朝鮮半島エネルギー開発機構）の創設に

インタビューでの田中均

努力したこと、朝鮮半島有事を念頭に置いた日米防衛協力ガイドラインの策定責任者であったこと。

その上で、田中はXに呼びかけた。


自分たちがやりたいのは、「大きな平和」を作ることなんだと。自分は日本の外交官なんだと。外交官として朝鮮半島に十五年間携わって、歴史を調べた。日本が朝鮮半島で行ったことも事実としてある。それが日韓併合であり、多くの人がそこで死んだ。だから、日本には、当事者として平和を作る義務があると僕は思うと。そういう義務を果たす、朝鮮半島に平和を作るための交渉をしますと。

もちろん拉致の問題をクリアしないと、先には行けない。日本からの資金の提供も、拉致とか核の問題を解決しないで進むことはできませんと。だから、その「大きな道筋」を作るということを、自分はやりたいんだと。
これはもう全部、パッケージなんだという話を、交渉の間ずっとしていましたね。

「大きな平和」を作ろう。つまり、過去の清算、国交正常化、その後の経済協力、拉致問題、核やミサイルの問題、それらを包括的に解決して、朝鮮半島に平和を作ろう。中長期的にみれば、それが日本と北朝鮮双方の国益になると、説得を続けたのである。

4 クレディビリティ・チェック

Xは「国防委員会に所属するキム・チョル（金哲）だ」と名乗ったが、田中は偽名だろうと判断していた。もちろん、本名を確かめたいと思ったが、北朝鮮のような透明性の著しく低い国では、確認するすべがない。確認作業に無駄な労力を割くよりも、相手が物事を実現する力があるか、政策をきちんと実行できる立場にあるかを知ることの方が大切だ。

North Korea releases alleged Japanese spy

A Japanese man detained in North Korea since December 1999 on charges of spying was released and returned to Japan on Tuesday evening, the Foreign Ministry said.

Takashi Sugishima, 62, a former reporter for the Nihon Keizai Shimbun, was released in Pyongyang and flew via Beijing to Tokyo, a ministry official said.

The official said Sugishima is in good health. His release was the result of long negotiations, but the official declined to comment on specific reasons for the release or whether Pyongyang withdrew the spy charges.

Sugishima, a resident of Chiba Prefecture, went to Pyongyang in November 1999 while working for a private research firm. He released a statement Tuesday thanking the government for its help and support.

North Korea informed Japan of its intention to release Sugishima earlier this month, the official said. The timing may indicate that Pyongyang is softening its stance toward Japan while it takes a harder line with the United States since President George W. Bush said North Korea is part of an "axis of evil."

元日本経済新聞社員の解放を伝える英字新聞の記事

田中は、そう考えた。相手の行動によってのみ、相手を信用する。それしかない。このため、田中は、何度かXのクレディビリティ（信頼性）・チェックを行った。相手に「こういうことができますか」と課題を与えて、それが実行されるかどうかを見極めることにしたのだ。

　田中はまず、当時、北朝鮮がスパイ容疑で身柄を拘束していた元日本経済新聞社員の杉嶋岑の無条件釈放を求めた。杉嶋は一九九九年（平成十一年）、日本経済新聞を退職。同年十二月、北朝鮮に入り、逮捕された。写真を撮ったり、テープを廻したりという行動が北朝鮮側に怪しまれ、拘束されたのである。

　杉嶋の釈放のための交渉は、二〇〇一年（平成十三年）末から二〇〇二年（平成十四年）初めにかけて行われ、二月十二日に釈放された。北朝鮮は一切、条件を付けなかった。田中は次のように述べている。

民主主義国との交渉においては、公開情報がいっぱいありますから、この人はどういう人だというのがわかるわけです。評判とかそういうことも聞けますし。私がやった交渉で、ほとんど相手のことは調べることができた。だけど、北朝鮮はできないです。聞く相手がいるわけでもないし。そうすると、果たしてこの人物が交渉するに値するか否かっていうのは、試さざるを得ないです。試す。チェックせざるを得ない。チェックというのはどういうことかっていうと、私が要求したことを彼が実現できるかどうかのチェックです。

だから、私は二つのことをやった。一つは、日経新聞の杉嶋さんという記者が、当時から見て二年前からスパイ容疑で捕まっていた。彼は二年間、ずっと牢屋に入っていたわけです。それで私は相手に対して、この日経新聞の杉嶋元記者を無条件で解放してくれと言った。申し訳ないけど、あなたがどれだけ実力を持った人かわからない。だから、

ペク・ナムスン（白南淳）北朝鮮外相

――信頼性をチェックするために、これをやってください、と言ったんです。

次のチェックは、二〇〇二年（平成十四年）六月の黄海銃撃事件の処理だった。

――黄海、黄色の海、あそこで銃撃事件があったんですね。北朝鮮の軍艦が韓国に対して発砲した事件があって、人が何人も死んだんです。南北関係は、当時そんなに悪くはなかった。キム・デジュン（金大中）大統領の太陽政策の時でしたから。それで、ちょうどブルネイでARFという国際会議があった。ASEAN Regional Forum といって、各国の外務大臣が集まって安全保障を語る会、そこに北朝鮮もアメリカも来ていたんです。アメリカはパウエル国務長官、北朝鮮はペク・ナムスン（白南淳）という外務大臣ですね。その時に北朝鮮はこの事件についてきちんと謝ってくれと。公にね。それからパウエルと会談してくれと。「できますか」と言うと、結果的に彼は両方ともやったんです。だから、私の意識としては、彼は信用に値する。名前がどうであれ、どこの所属であれ、交渉するに値する力がある。交渉するにあたって信頼できる人物であるということは、私には確信ができたということです。

一方、北朝鮮側も、田中のクレディビリティ・チェックをしていた。Xは、田中が小泉総理の信頼を得ているのかどうかに非常にこだわった。

田中はXにこう言った。「日本の新聞をよく見てください。『首相動静』欄を見れば、私が常に総理と相談してきていることがおわかりになるでしょう。あなたと会う前後、つまり、金曜日と月曜日の欄を見れば、必ず私の名前が入っています」。

当時の新聞の「首相動静」欄での、過剰なまでの田中の露出は、北朝鮮向けのパフォーマンスでもあったのである。

5　交渉は破綻の危機に

北朝鮮との交渉は、当初は、小泉総理大臣の訪朝を準備するためのものではなかった。これまで結果を作ることができなかった諸懸案、日本の立場から言えば、拉致問題を解決するための交渉だった。しかし、日本が追い求める利益は、一つではない。拉致問題に加えて、核開発問題、ミサイル問題、過去の清算と日朝国交正常化。交渉を進めるに連れて、田中は、こうした多様な問題に突破口を開くためには、首脳間の協議を念頭に置いて交渉した方が良いと考えるようになった。

小泉総理の訪朝を念頭に置いた大きなコンセプト。拉致問題を明らかにした上で、首脳会談を行い、共同宣言を出す。その中に、大きなロードマップを描き入れる。核やミサイルの問題はこのように解決していく、過去の清算をめぐっては、「補償」という考え方ではなく「請求権の相互放棄」と「国交正常化後の経済協力」とする、といったものである。

一方の北朝鮮にとっても、日本の総理大臣がピョンヤン（平壌）を訪問して、最高指導者キム・ジョンイル（金正日）と会談し、両国の過去の清算と将来の国交正常化を約束するという場面を現出することは、国家の威信という点から見ても望ましいことだった。

ただ、拉致問題はやはり難題である。

田中は、小泉総理の訪朝をありうる一つのシナリオとして示した上で、訪朝するとなれば、それまでに北朝鮮は拉致を認めなくてはならないと迫った。

しかし、北朝鮮側は、拉致を認めるとすれば、それは、キム・ジョンイル国防委員長のみであるという立場を変えようとしない。彼らは、拉致を公にすれば、結果として日本の世論を硬化させ、小泉総理の訪朝もキャンセルになってしまうのではないかと恐れたのだろう。これについて、田中はインタビューで、次のように語った。

あの交渉というのは、やっぱり、いくつか難しい問題と、いくつか難しいタイミングというのがあったんですね。それで、難しい問題のほうからお話すると、一つには、北朝鮮は、補償、戦後の補償を日本からもらうということに極めて強くこだわった。我々のほうは、韓国とやった、請求権を相互に消しあって、正常化の後に経済協力の形で資

金を提供するという基本的な原則は絶対に変えられないし、なおかつ、その経済協力の規模を示すことはできない。これはもう非常に明確な方針だった。ただ北朝鮮は、それに対してものすごくこだわり続けたということが一点です。もう一つは、北朝鮮は事務的には、拉致を認めないということで、行方不明者という言葉を使って、拉致の問題について最も長く話をしたわけです。この二つの問題が、実は最も大きな問題で、最後までなかなか決着がつかなかった。

このように交渉が最も困難な局面を迎えていた二〇〇二年（平成十四年）五月、あの「忌まわしい」事件が発生した。八日、中国・瀋陽の日本総領事館に五人の脱北者が駆け込み、総領事館を警備していた中国の公安警察が館内に踏み込んで、彼らを拘束したのである。

タイミング的に見れば、一番難しいタイミングというのは、実は二〇〇二年の五月だった。五月の八日に瀋陽で、脱北者の総領事館への駆け込み事件というのがあったわけです。ハンミちゃんの家族が脱北したあと、瀋陽の総領事館に駆け込んできて、その

――時に中国の公安が無理やり総領事館の中に入ってきて、彼らを引き戻した。実は、その週末に交渉を上海でやるはずだったんです。

ウィーン条約では、総領事館の不可侵特権が認められており、中国の官憲が総領事館に立ち入ることはできない。中国警察の行動は、国際法に違反して日本の主権を侵害したことになる。しかも、その一部始終がテレビカメラに収められており、中国の警察官が幼い北朝鮮の子供を総領事館の敷地から引きずり出す生々しいシーンが、世界中に流れたのである。

アジア大洋州局長だった田中は、直接の責任者としてこの問題の処理に忙殺された。中国との折衝のみならず、国会からは、連日の委員会審議に政府参考人として呼び出され、答弁を求められた。自宅の前には、大勢のメディアの取材陣が陣取っていた。

――どう考えても、私はその問題の処理のために国会に呼び出されるわけだし、(予定されていた交渉に)とても行けるような状況ではないということで、その交渉を流した。そ

――の頃が最も厳しいときでした。

六月一日と二日、中国・上海で、交渉は再開された。日本人の出入りがほとんどないホテルが会場に選ばれた。この席で、Xはこれまでにもまして、総理の訪朝を強く求めた。

――その後ようやく、交渉は再開したんですが、その時に私たちが突きつけた条件というのは、拉致の情報を全て公に明らかにしろと。そういう情報を明らかにした後、場合によっては、小泉総理の訪朝もありうると。

Xの求めに対し、田中は、拉致被害者の安否情報を知らないまま、総理が訪朝することはありえない、総理訪朝より前に北朝鮮が拉致を認めなければならないと主張したのだ。

Xの猜疑心は頂点に達した。

――その瞬間に、北朝鮮が完全に交渉を切るということになった。「日本の目的は、単に拉致の情報を得ることだけだろう。田中さん、あなたが言っていた大きな枠組みの話、それは、その中に、国交正常化も、経済協力も、その他の国際問題も含めて、大きなパッケージを作っていくということだったはずだ」と。「単に拉致の問題を世の中に明らかにして、それで総理は来ないということになるんじゃないか」と。「それなら、私たちはもう、拉致情報を公表するつもりはないです」と言ってきたんです。

私は、これはもう駄目かなと思いましたね。

日朝交渉は、行き詰まり、破綻の危機に瀕していた。

第三章　総理大臣の決断

1 「それで、いつ平壌に行くんだ？」

日朝交渉は決裂しかけていた。田中は思い悩んだ。それまでの交渉で、Xは一度たりとも明示的に拉致の事実を認めたことはなかった。ただ、田中は、Xとのやりとりを続けてきた中で、北朝鮮が拉致をしたこと、そして生存している被害者がいるだろうことは、推測できた。もし交渉が決裂ということになれば、拉致被害者はどうなってしまうのだろうか。こうした状況でも、小泉総理の訪朝を模索するべきなのだろうか。もうあきらめた方が良いのだろうか。田中は、NHKとのインタビューで、この時の心境を次のように語っている。

拉致の情報についてはね、もちろん、北朝鮮側とずっと話しているわけだから、生きている人がいる、死んだ人もいるという、何となくそういう感触が、当然ありました。ただ、正確に何人の人がどうなったとか、誰がどうなったという話はなかった。だから、

古川貞二郎元官房副長官

このまま総理に北朝鮮に行ってもらうというのは、ないかもしれないと。そもそも総理が行くということ自体、口に出すのは、危ないかもしれないというふうに思ったんです。

二〇〇二年（平成十四年）六月三日、上海での交渉が終わった翌日、田中は総理大臣官邸を訪れた。小泉に交渉の結果を報告するためである。その時、官邸には、事務担当の官房副長官、古川貞二郎がいた。前述したように、古川は、日朝秘密交渉の存在を知らされていた、わずか数人の官僚のうちの一人である。

事務担当官房副長官は、いわゆる「官僚のトップ」だ。事務次官会議を主催して各省庁を束ね、政治との橋渡しをする。古川は、官僚には珍しい九州大学法学部の出身で、厚生省に入省し、事務次官にまで上り詰めた。そして、村山、橋本、小渕、森、小泉の五つの内閣で、八年七か月という長期にわたり、官房副長官を務めた。この間、阪神大震災、地下鉄サリン事件、沖縄のアメリカ海兵隊普天間基地の移転問題、中央省庁再編など、難しい課題に取り組んできた人物である。特に普天間基地の問題では、北米局審議官だった田中と古川は緊密に連携し、田中は古川に何度も助けてもらったという。

田中は、温厚な人柄で高い識見を持つ古川を尊敬していた。古川に会うと、「ホッとした」という。そして、この時も、古川は、悩み、自信を失いかけていた田中を激励した。田中は、この時のことを次のように語っている。

交渉が終わった後に官邸を訪ねたんです。そこに、当時の事務の副長官の古川貞二郎さんがいてね。それで、古川さんに話をした。いや、これは無理だ。僕は総理に対して、これだけ大きなリスクをかぶせるわけにはいかない。平壌に行ってみたけれども、拉致の問題について何の進展もないっていうことになれば、一体、何のための訪朝だったの

小泉総理大臣と田中均

かということになる。たぶん内閣の支持率は大きく下がって、まさに内閣がもたないってことにもなりかねないと。だから私は、そういうリコメンデーション（推奨）をしようと思うと言ったらね。古川さんという人は、やっぱり政治と官僚の仲立ちをずっとしてきた人なんですね。彼が言ったの。「田中さん、政治家の判断というのは違うかもしれないよ」と。「だから、あなたは客観的に総理に上げるべきだ」と。「自分の意見をつけないで、客観的に上げた方がいいんじゃないですか」と言うんですよ。

気を取り直した田中は、その足で総理大臣執務室に向かった。そして、小泉に交渉のあらましを報告する。小泉はどう判断するか。

私は総理の部屋に入って、総理に申し上げたんですね。北朝鮮は「事前に拉致の情報を世の中に対してすべて明らかにするということはやらない」と言っています。「総理が平壌に来るかもしれないとちらつかせて、拉致の情報だけを引き出そうと言うのが日本の魂胆だと、自分たちは判断せざるをえない」と言っていますと。その上で、総理はどうされますかという話をしたの。

そうしたらね、僕は、これが政治家かって。まさに古川さんが言われるように、これが政治家かと思った。小泉さんの答えはね、「田中さん、それでいつ行くんだ」っていう話だったんです。「いつ平壌に行くんだ」って。「もう行くのは当然だ」と。私は、ずっと交渉の前後に全てを総理に話しているわけですね。今は、かくかくこういう段階で、こういう話でって。それで、場合によっては、梯子を外されるかもしれないけれども、だけど、総理は当時、思ったんでしょうね。もし自分が行かなければ、この拉致の話は全部、闇に葬られてしまうと。「もし生きている拉致被害者がいるという意識を、田中さん、あんたが持っているんだったら、俺は行くよ」ということだったんです。だから、ああ、そうなんだ、これが政治家なんだと思った。僕は、この総理大臣のもとでこの問題をやってよかったたって思いました。

インタビューのこのくだりを話した時、田中は目に見えて興奮していた。田中にとっては、本当に感慨深い瞬間だったのだろう。自分の問いかけに対して「行く」と決然と答えた小泉の声の中に、田中は、総理大臣の決意を感じたのだ。

「拉致問題を解決するためなら、リスクがあっても、俺は平壌に行く」。

総理訪朝が、初めて現実味を持った瞬間だった。

田中はこれまで、総理訪朝をありうる一つのシナリオとして、北朝鮮側に明確な言質を与えないで交渉を進めてきた。これからは、総理訪朝の準備としての交渉ができるのである。もう一度、交渉のテーブルが設定されるかもしれない。

――しかし、実はその後も、交渉の日程がなかなかセットできなかったんです。向こうが疑心暗鬼になっていたから。だから、二、三週間経って、ようやく次の交渉がセットされた時、初めて北朝鮮に言ったんです。総理は行くんだと。行って、拉致の問題をきちんと解明すると。だから、金正日は、拉致を認めて謝罪し、生きている人を日本に返すべきだ。なおかつ、もし北朝鮮が死んだという人があれば、そういう人たちを徹底的に調査すると。そして、こういうことのアレンジメントができない限り、総理が行っても、極めて深刻な事態になるぞと相手に言った。

こういう時に、交渉相手との信頼関係というものが大事になると、僕は思いました。お互いに言っていることは、嘘じゃない、ブラフじゃないんだということは、わかりますから。だから、その時以降は、まさに小泉訪朝というのを前提にして、どういうシナリオを組んでいくかという話になりました。

あれが（日朝交渉の成否を左右した）瞬間だったんですね。もし小泉さんが、「そうか、それなら（訪朝は）ちょっと考え直そう」ということになっていたら、ちょっと違った結論になっていたでしょうね。

田中は、感慨深げに振り返った。

2　動き出した「小泉訪朝」シナリオ

日朝交渉は再開された。その後は、小泉の訪朝を前提としての双方の駆け引きとなった。ただ、やはり過去の清算と拉致問題は、双方がなかなか折り合えない難題であり続けた。「日本は、過去の朝鮮半島支配に対して謝罪し、補償しなければならない。そして、戦後の共和国敵視政策を変えることを行動で示してほしい」。これが北朝鮮の要求である。

田中は、一九九五年（平成七年）の村山総理大臣談話の起草に参画していた。このため、日本の確立した政策として、朝鮮半島の支配を植民地支配と認め、これに謝罪することは応じることができると考えていた。ただし、謝罪する相手は、あくまで北朝鮮の人々であって、現在の政府ではない。

また、日本が戦争をしたわけではない北朝鮮に「補償」を行うことはできず、日韓国交正常化の時と同様に、「請求権の相互放棄」と「経済協力」のパッケージしか方法はなかった。

しかも、国交正常化は日本の国会の承認が必要となる。行政府の人間である田中が、国交正常化後の経済協力の金額について、水面下の交渉で合意を作るわけにはいかないし、できるわけもなかった。

しかし、このことを北朝鮮側に納得させるのには、「本当に骨が折れた」と田中は言う。

Xは、正常化に向けて北朝鮮の政府部内を説得するためには、補償金額のイメージをつかむ必要があると強調し、経済協力の金額を明示するよう執拗に求めた。田中は、これを突っぱね続けた。小泉も田中に「金額だけは絶対に口にするな」と厳しく申し渡していた。

もう一つの難題の拉致問題については、どうだったのか。

田中は、小泉の訪朝の前提として、北朝鮮側が拉致を認め、謝罪し、真実に基づく情報を提供し、生存者を返すことを確約するよう要求した。これに対しXは、明確な言質を与えることはなかったが、必ずしも田中の要求を否定しなかった。また、田中は、その趣旨をキム・ジョンイル（金正日）国防委員長に、直接、伝えることを要請するとともに、首脳会談が行われた場合にまとめられる共同宣言に、それを書き込むよう求めた。しかし、

Xは、それはキム・ジョンイルが最終的に決断することであり、あらかじめ宣言の草案に書き込むことなどできないと言って、どうしても受け入れようとはしなかった。

要するに、この時期の田中とXの議論は、「拉致の情報を示せ」対「経済協力の金額を示せ」で、堂々巡り、膠着状態となっていたのである。


ただ、「舞台裏」の秘密交渉で議論の応酬が続く一方、小泉の訪朝に向けた「表舞台」の外交シナリオは、着々と進んでいた。

二〇〇二年（平成十四年）七月三十一日、ブルネイで開かれたARF・ASEAN地域フォーラムの際に、ともに出席していた川口順子外務大臣と北朝鮮のペク・ナムスン（白南淳）外相が会談した。会談後の共同発表では、日本人拉致問題について「人道上の懸案問題」だと明記していた。かつて北朝鮮が「拉致問題は、日本政府のでっち上げだ」と言っていた頃と比べれば、様変わりで、日本から見れば、一歩前進だった。

続いて、八月十八日、十九日の両日、ピョンヤン（平壌）で、日朝赤十字会談が開催された。北朝鮮側は、「日本人行方不明者に対する安否調査事業を、これまでより一層深く、幅広く、しっかり行っていることを説明し」「今後、調査を加速」させることを約束した。

ちなみに、当時、NHK政治部の記者だった筆者は、この日朝赤十字会談の日本側代表団に同行してピョンヤンを訪問し、この会議の様子を取材した。いわゆる「ぺーぺー」の記者だった筆者は、この前の月、霞クラブ（外務省の記者クラブ）に配属されたばかりだった。キャップからアジア局を担当するよう指示されたものの、それまでは、政党の取材ばかりで、外交の取材など全くしたことはなかった。このため、初めての国際会議の取材にひどく緊張すると同時に、憧れていた仕事を任されたことで、「やってやろう」と意気込み、胸を高鳴らせていたことをよく覚えている。もっとも、そうした意気込みとは裏腹に、知識と経験は全く欠けていて、日朝秘密交渉の存在も知らなければ、小泉総理訪朝のシナリオが水面下で着々と進んでいたことも全く知らなかった。表面的な事象を追いかけることだけで精一杯だった。今、振り返ると、恥ずかしい限りである。

この日朝赤十字会談の取材は二泊三日で、記者団の宿泊先は、ピョンヤンの中心部にある高麗ホテルだった。取材を終えて、夜、部屋に入ると、窓から見えるピョンヤンの夜景は、恐ろしいほど真っ暗だった。電力不足のせいか、ほとんど、街灯や建物の明かりが灯されていないのだ。

また、部屋の壁は、一部が、なんと、鏡ばりになっていた。鏡がマジックミラーになっていて、内側から誰かが自分を監視しているのかもしれない。そんなことを想像して、背筋が寒くなったことを、今でもよく覚えている。

そして、一週間後の八月二十五日、二十六日の両日、同じくピョンヤンで、日朝外務省局長級協議が開催された。協議に出席するため、初めてピョンヤンを訪れた田中は、ホン・ソンナム（洪成南）首相を表敬訪問し、小泉総理大臣のキム・ジョンイル（金正日）総書記宛のメッセージを伝えた。「国交正常化の諸問題や両国間の諸懸案に真剣に取り組む。そちらも、誠意をもって真剣に取り組むことを期待する」という内容だった。

その後、田中は、北朝鮮外務省で、キム・ジョンイル総書記の側近といわれた、カン・ソクジュ（姜錫柱）第一外務次官を表敬訪問した。

実は、この局長級協議の時には、すでに総理の訪朝は、最終的な調整段階に入っていた。ただ、メディアの方は、「日朝交渉がかなり進展していて、拉致問題はじめ日朝間の懸案が解決に向けて大きく動き出しそうだ」という感触は持っていたものの、まさか、小泉総

カン[illegible]ソクジュ（姜錫柱）北朝鮮第一外務次官と握手する田中均

理がピョンヤンを訪問して、キム・ジョンイル総書記と首脳会談を行い、共同宣言を発表するという計画が進んでいることなど、誰も気づいていなかった。

田中は、局長級協議の後、同行記者団に対してブリーフィングを行った。この中で、日朝首脳会談については、相当のヒントを与えていたつもりだったと、田中は述べている。

局長会合、局長会合と称した会合だったんですすと、そのあと、記者ブリーフをしたんですよね。その当時、日本から霞クラブに所属する記者が一緒に来られたんです。そこで記者ブリーフをした。僕はね、記者の人に対しても嘘をつくのは嫌だっていう気持ちがあって、そこで、「時限性」

と「政治性」ということを言ったんです。新聞記者の人から「拉致問題を含めて何らかの進展があるんですか」と聞かれて、僕は時限性と政治性ということが重要だと思いますと言ったんですね。それは、僕ができる最大限のことを匂わしたつもりだったんですけど、聞き流されたということなんじゃないかな。新聞記者の人たちはね。

今回のインタビューで、田中は、特に得意げになることもなく、淡々とこう語った。

当時、霞クラブの記者だった私は、インタビューをしながらも、なんとも複雑な思いで、田中の言葉を聞いていた。

第四章　日朝首脳会談前夜

1 「金正日最側近」姜錫柱との対峙

二〇〇二年（平成十四年）八月二十五日の夜、日朝外務省局長級協議でピョンヤンを訪れていた田中は、カン・ソクジュ（姜錫柱）第一外務次官に夕食に招待された。

先にも述べたが、カン・ソクジュは、北朝鮮の当時の最高指導者、キム・ジョンイル（金正日）総書記の最側近といわれた外交官である。

一九九四年（平成六年）のいわゆる米朝枠組み合意では、▽北朝鮮が、プルトニウムを抽出可能な黒鉛減速炉の稼働を凍結する見返りに、▽アメリカが軽水炉二基を北朝鮮に提供し、さらにその軽水炉が完成するまでの代替エネルギーとして、年間五十万トンの重油を供給することになった。つまり、北朝鮮は、核開発計画を強行する姿勢を示して世界を脅迫したあげく、その計画を「凍結」する見返りとして、年間五十万トンの重油という「経済的利益」を得ることになったのである。北朝鮮にとっては、「外交的勝利」ともいえる合意内容であり、カン・ソクジュこそは、この交渉の立役者だった。

カン・ソクジュ（姜錫柱）北朝鮮第一外務次官

二〇〇二年（平成十四年）当時は、第一外務次官だったが、二〇一〇年（平成二十二年）には、副首相にまで昇りつめた。その後、キム・ジョンイルが死去し、三男のキム・ジョンウン（金正恩）が後継者になると、カン・ソクジュは、朝鮮労働党国際部長に転じ、二〇一六年（平成二十八年）五月、七十六歳で死去した。良くも悪くも、北朝鮮を代表する外交官だった。

話を元に戻すと、このカン・ソクジュが、田中を夕食に招待したのだが、その時の接待が、一風、変わったものだった。

――キム・ジョンイルの片腕、外交における片腕と言われたカン・ソクジュ、彼が出てきてね。私

――が交渉でピョンヤンに行った時に、彼に外務省の招待所っていうところに呼ばれてね。「食事をご馳走したい」と。それで、池に舟を浮かべて、その舟に食事を運んできてね、その舟で食事をするというスタイルなんですよね。

カン・ソクジュは、ピョンヤン郊外にある外務省招待所の裏の池にボートを浮かべ、そこで食事を御馳走するという趣向で、田中をもてなしたのである。ただ、当の田中は、食事の中身などより、この時、ボートの中の電燈にたくさんの虫がたかっていたのが、妙に印象に残っているという。

この席で、カン・ソクジュは、「過去の清算」の問題を再び持ち出し、日朝国交正常化が実現した後の経済協力の金額を明示するよう、田中に執拗に求めた。

――そこで食事を食べた前後に、彼は再びその補償の話を持ち出して、しつこく、しつこく、補償について迫ったんですね。私は、そんなことはできないということを言ってね。

カン・ソクジュは、自分の方から要求金額を口に出したりして粘りに粘ったが、田中は、その金額に反応することも含めて、拒否し続けた。最後は、同席していたXが両者をとりなして、その場を収めたという。

私のカウンターパート、交渉相手が、ずっとそれを（＝私と交渉を）やってきたわけですから、（私の立場をわかっているので）それを引き取ってくれたんですよね。だけど、カン・ソクジュも、後で言っていました。「自分たちには、拉致とか核の話はできないんだ」と。ああいう話ってね。やっぱり（外務省の）彼らにとってみれば、ちょっと違う系統の話であるということだと思いますね。

カン・ソクジュは、それまでの田中とXのやりとり、特に拉致問題をめぐる機微を知っているようだった。彼だけが、北朝鮮外務省の中で、キム・ジョンイルの信頼を得ている側近だということを、田中は改めて知ったのである。

2　北朝鮮の皮算用「経済協力百億ドル」

Xは、二〇〇一年（平成十三年）秋から始まった田中との交渉の中で、当初から「日本は過去の植民地支配に対して謝罪し補償しなければならない」と繰り返し要求してきた。これに対して、田中は、日本が戦争をしたわけではない北朝鮮に「補償」を行うことはできない、日韓国交正常化の時と同様に、「請求権の相互放棄」と「経済協力」のパッケージしか方法はないと言い続けた。しかも、国交正常化は日本の国会の承認が必要となる。行政府の人間である田中が、国交正常化後の経済協力の金額について、水面下の交渉で合意を作るわけにはいかないし、できるわけもない。

しかし、先にも述べたが、このことを北朝鮮側に納得させるのには、「本当に骨が折れた」と田中は言う。Xは、正常化に向けて北朝鮮の政府部内を説得するためには、補償金額のイメージをつかむ必要があると強調し、経済協力の金額を明示するよう執拗に求めた。

そして、小泉総理の訪朝が事実上固まっていた二〇〇二年（平成十四年）八月下旬の段階に至っても、北朝鮮側は日本の姿勢に納得せず、Xの代わりに「手だれの」カン・ソクジュが前面に出てきて、田中に金額を示すよう「しつこく、しつこく」迫ったのである。

なぜ北朝鮮は、それほど経済協力の規模＝金額にこだわったのか。

それは、北朝鮮にとって、日本から多額の資金を得ることこそが、日本との交渉の最大のモチベーションであり、目的そのものだったからである。

北朝鮮は、当時も今も、アジアの最貧国のひとつである。

「金王朝」と呼ばれる独裁的な政治体制を維持するため、すべてにおいて軍事が優先する「先軍政治」の体制を取り、アメリカ中央情報局（CIA）の分析によれば、国防予算に国内総生産（GDP）の二〇％から三〇％を投入している。そして、国際社会の非難を浴びながら、核兵器やミサイルの開発を強引に進めて、さらに国際的な孤立を深めている。

また、その世界で最も中央統制的で閉鎖的な経済体制により、国民は長年にわたり、慢性的な経済難にさらされている。食糧不足や飢餓に苦しむ国民も少なくない。

このため、北朝鮮は常に「喉から手が出るほど外貨が欲しい」国家なのである。

二〇一六年（平成二十八年）に脱北した北朝鮮の元外交官で、現在、韓国の国会議員を務めるテ・ヨンホ（太永浩）は、二〇〇二年（平成十四年）当時、北朝鮮外務省のＥＵ・ヨーロッパ連合担当課長だった。

テ・ヨンホは、今回、ＮＨＫのインタビューに応じ、日朝交渉と首脳会談をめぐる当時の北朝鮮政府内の議論について、次のように語った。

首脳会談の前夜、大枠で合意に至る前、北朝鮮外務省内では、大きく意見が分かれていました。合意では、まず日本が過去の植民地支配の歴史に対して、小泉総理が北朝鮮に来て謝罪・反省する。これが一番でした。また、それに対する無償資金協力とか低金利借款とか、そうした多くの経済的恩恵があって、それに対するひとつの補償として北朝鮮と日本の懸案である拉致問題の解決に同意する。そうした「ギブ・アンド・テイク」で交渉する。これが全体の輪郭でした。ただ、拉致問題を北朝鮮が認めるかどうかは、内部で非常に大きな論争となりました。「日本人に対して絶対に認めてはいけない。認めた瞬間から、北朝鮮国家が犯した犯罪になるため、影響が非常に大きいだろう。個人によるものではないので、どんな場合でも認めてはいけない」と主張する声がありま

元北朝鮮外交官テ・ヨンホ（太永浩）

した。

　では、なぜその主張が抑えられたのか。認めさえすれば、百億ドル相当の日本の無償資金協力が約束される。その金で、鉄道や道路、港湾のインフラを現代化することができる。南北分断の状態で、日本は、韓国には、過去の植民地支配について謝罪し補償もしたが、朝鮮半島の半分を占める北朝鮮には、まだ何の謝罪も賠償もしていない。そのため、日朝平壌宣言を成し遂げれば、朝鮮半島での北朝鮮の存在感を高めるのに大きな進展となる。結局、こうした主張が「拉致問題を認めてはならない」という主張を押し込めたんです。

　このテ・ヨンホの証言は極めて興味深い。北朝鮮政府内では、日本との国交正常化が実現した場合の経済協力の規模について、「百億ドル相当の無償資金協力」という見方があった、少なくとも、そういう数字が噂として出回っていたというのである。しかし、実際に北朝鮮との交渉にあたった田中は、「Xやカン・ソクジュから、経済協力の具体的な金額を明示するよう執拗に求められたが、拒否し続けた」と証言している。

では、なぜ「百億ドル」という話になったのか。

筆者は、これは、北朝鮮の「捕らぬ狸の皮算用」だったのではないかと考えている。つまり、Xの出身母体と思われる「国家安全保衛部」周辺で、日本からの経済協力の規模について「百億ドル相当の無償資金協力」という期待値が一方的に高まり、それが、北朝鮮政府内で噂として出回り、ひとり歩きして、既成事実であるかのように語られていたのではないかと、筆者は推測している。しかし、「皮算用」であったとしても、これが、北朝鮮の日朝首脳会談推進の原動力になったことは間違いないようだ。テ・ヨンホの証言は続く。

外務省内部で主張が交錯していました。そのため当時、外務省は、日朝平壌宣言をすべきか、すべきでないかの結論を出しませんでした。日朝首脳会談は、北朝鮮の外交官が準備したものではありません。外交官が準備していたら、拉致問題を認めるようなことはなかったでしょう。しかし、会談は、国家安全保衛部と統一戦線部のラインが準備し、小泉総理の訪朝まで関わりました。そのため、当時、北朝鮮内部では、外務省と国家安全保衛部・統一戦線部ラインの間に葛藤がありました。なぜ葛藤があったのか。拉致問題の場合、国際的に大きな波紋を呼ぶと、ジュネーブの国連人権理事会に舞台が移ります。すると、その処理は外務省、外交官に回ってきます。国家安全保衛部や統一戦線部は、何の関係もありません。北朝鮮式に言えば、その先の後始末、尻拭いは、すべて外交官がしなければなりません。だから、「日朝平壌宣言をやってはいけません」と外務省は反対しましたが、統一戦線部と国家安全保衛部のラインは「百億ドルという莫大な金が入るのに、あきらめるのか」と。それで外務省は一歩退き、国家安全保衛部と統一戦線部ラインの主張が優勢となって、共同宣言が出されたんです。

キム・ジョンイルは、百億ドルを受け取ることは、拉致問題を認め、遺憾の意を示し、一再発防止を約束するだけに値する、ディールをする価値があると考えたのでしょう。

ここまでのテ・ヨンホの証言のポイントをまとめると、次のようになる。

▽日朝首脳会談とそれに至るまでの日朝交渉、会談後に署名された日朝平壌宣言は、国家安全保衛部と統一戦線部のラインが準備したもので、外務省は関わっていない。

▽外務省は、日朝首脳会談の直前の時期に、会談の見通しと共同宣言の概要について知らされたが、キム・ジョンイル総書記が日本人拉致を認めることには、慎重ないし反対の意見が多かった。拉致を認めれば、国際的な人権問題になることは確実で、その外交的な処理は、外務省に押し付けられるとの見方が強かったからである。

▽一方、国家安全保衛部と統一戦線部は、拉致を認めさえすれば、その代わりに日本から百億ドルもの経済協力資金が獲得できると見込んでいた。このため、反対する外務省を押し切る形で日朝首脳会談を実現し、キム・ジョンイル総書記は、日朝平壌宣言に署名した。

結局のところ、日朝交渉における北朝鮮の狙いは、金だったのか。テ・ヨンホは、当時

の北朝鮮の思惑を次のように説明した

（質問）「日本から大金を受け取れることが、日朝首脳会談を行った理由のひとつか？」

（回答）「一番大きな理由でした。当時、北朝鮮は厳しい経済状況だったため、百億ドルはとてつもない金額でした。キム・ジョンイルは、その金で鉄道、道路、港湾を現代化できると考え、かつてパク・チョンヒ（朴正煕）大統領が韓国の産業化を成し遂げたように、百億ドルで北朝鮮の経済を現代化できると考えたんです」。

（質問）「当時の国際情勢は、首脳会談開催に影響したか？」

（回答）「もちろん影響しました。当時、アメリカはブッシュ政権で、北朝鮮を『悪の枢軸』に指定し、世界的に『テロとの戦い』を繰り広げている時でした。その一環として、アフガニスタンで戦争を起こしました。そうした状況をすべて見て、アメリカと最も近い同盟国である日本が、北朝鮮と国交を正常化して百億ドル出すと言い、キム・ジョンイルとしては、そうした多大な恩恵を通じて、アメリカによる圧力を少し緩和させ、経済も活性化することができる、そうした多くの得があると考え、これは、非常にメリットが大きい交渉であり、ディールだと判断したんです」。

3　余談「外務省の廊下トンビ」

二〇〇二年（平成十四年）八月二十五日、二十六日の両日、ピョンヤンで開催された日朝外務省局長級協議。この協議にＮＨＫから同行取材していたのは、筆者の当時の直接の上司である霞クラブ・キャップだった。

キャップは、知識と経験を兼ね備えた、迫力のある厳しい方で、当時「ぺーぺー」だった筆者と、このキャップの関係は、絶対王政下での専制君主と臣下のようなもの。キャップの指示や命令は、筆者にとって「絶対」だった。キャップは、ピョンヤンでの田中の言動から、「近く日朝関係で何か大きなことが起きる」と察したのだろう。帰国すると、筆者に次のように指示した。「これから毎日、朝と夕の二回、必ず田中局長と接触して、日朝関係で新たな動きがないかどうかを聞いて、自分に報告するように」。

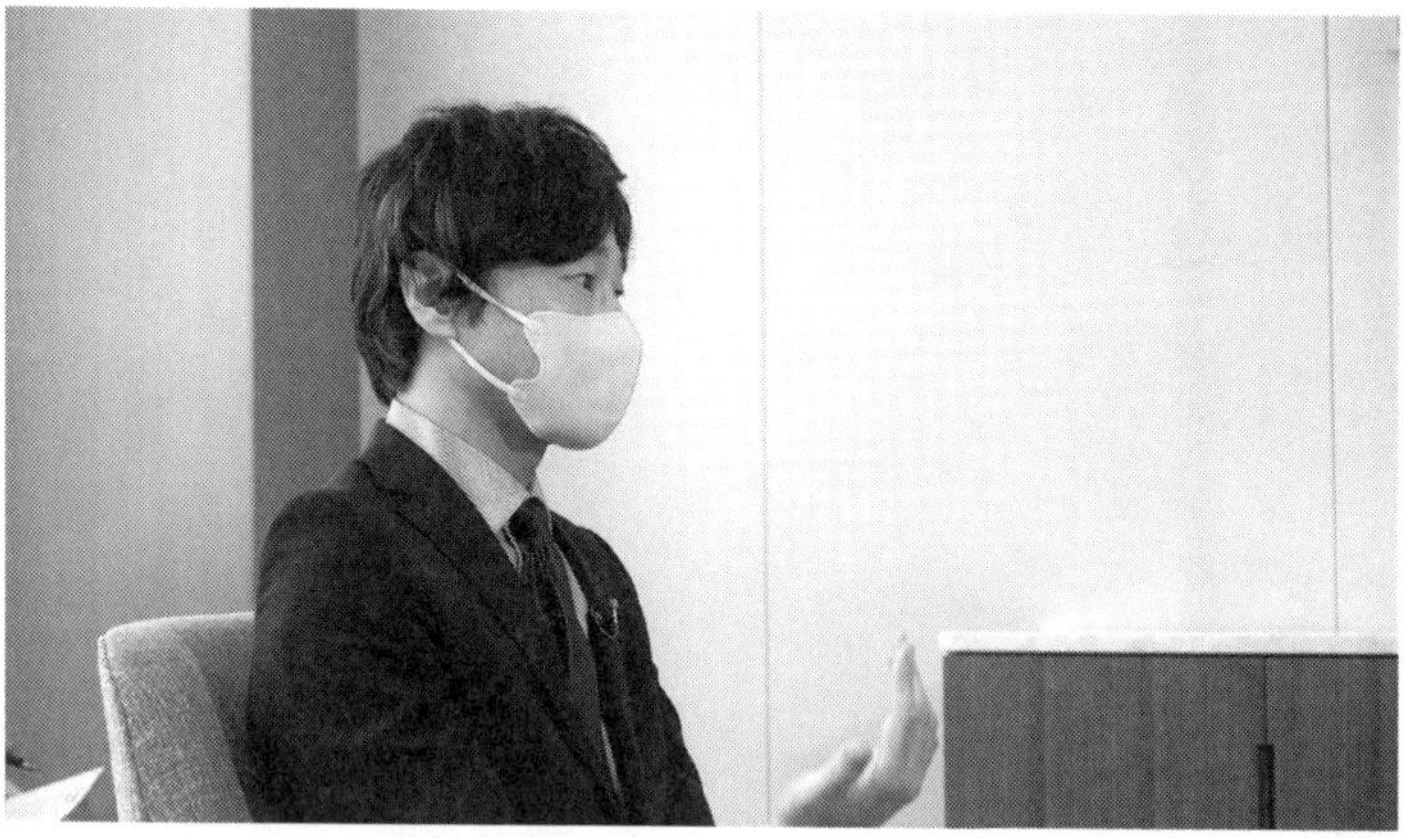

筆者

シンプルな指示だが、実際は、なかなか容易ではない。当時、多忙を極めていた田中は、一記者の取材のためにアポを取ってはくれないし、出勤・退勤時に省内の廊下で歩きながら質問しても、まともに答えてはくれない。そもそも退勤のタイミングがわからず、「取り逃がしてしまう」こともある。自宅に「朝廻り」「夜廻り」取材に行くしかないが、その場合は、他社の記者と一緒での取材となり、一対一の「さし」にはなれない。結局、日中、省内のアジア大洋州局長室前の廊下に立って、田中が局長室から出てくるタイミングを捕えて、質問を投げることにした。ここまでやる（やらされる？）記者は、他にいなかったから、日に何度か、廊下で田中と「さし」になることはあったが、知識も経験もない当時の筆者は、気の利いた質問もできず、実のある答えが返ってくることもなかったと記憶している。

余談だが、局長室前の廊下に一日じゅう立っていると、説明などのために局長室に出入りする、課長・課長補佐クラスの外務官僚たちと頻繁に顔を合わせることになるし、筆者の姿も彼らの視線にさらされる。その中に、二〇一八年(平成三十年)一月から二〇二一年(令和三年)六月まで、戦後最長となる三年半の長きにわたり、外務事務次官を務めた秋葉剛男がいた。秋葉は当時、条約課長だった。筆者は、後にワシントン特派員となり、同じ時期に在アメリカ大使館公使として赴任していた秋葉と付き合うことになるが、その頃だったか、秋葉に言われたことがある。

「あの頃、増田君、一日じゅう、田中さんの部屋の前に立っていたよねえ。大変だなあと思って見ていたんだ……」。

若気の至りとはいえ、当時の筆者は、本当に恥ずかしい姿をさらしていた。知識も経験も筆力もなくスマートさのかけらもない「廊下トンビ」の記者。

「バカなことをしていたな」と、今となっては思う。

4　米国ブッシュ政権高官への極秘ブリーフィング

さて、話を元に戻すと、田中が外務省の主要局長に、日朝首脳会談に向けた水面下の協議について伝えたのは、二〇〇二年（平成十四年）八月二十一日の夜である。八月二十五日からピョンヤンで開催される予定の日朝外務省局長級協議の直前だった。

日朝交渉の「秘密」を共有していた数少ない政府高官の一人、竹内行夫外務事務次官が、谷内正太郎総合外交政策局長、藤崎一郎北米局長、海老原紳条約局長、それに田中アジア大洋州局長を次官室に呼び出した。

この席で、竹内は、「近々、小泉総理がピョンヤンを訪問する」と伝えた上で、「これまで秘密裏にやってきて申し訳ないが、総理も了承されていたことだ」と説明した。田中を除く局長たちにとっては、晴天の霹靂だった。そして、日朝平壌宣言の草案が各人に配られ、竹内が田中に話すよう促すと、田中も、秘密にしていたことを詫びた上で、これまでの交渉の概略と今後の見通しについて説明した。

説明を受けた局長陣からは、草案の内容について、「項目の順番を並び替えた方が良いのではないか」といった意見が出た。また、「アメリカには説明しているのか」という質問も出た。

田中は「アメリカとは、これからやる。アーミテージ国務副長官が、次官との日米戦略対話のため、一週間後に来日する予定だ。その際に直接、説明する」と答えた。

次官室は、重苦しい沈黙に包まれた。

その後、八月二十五日と二十六日の二日間、ピョンヤンで日朝外務省局長級協議が行われ、翌二十七日には、アメリカのリチャード・アーミテージ国務副長官が、竹内外務事務次官との「日米戦略対話」に出席するため、来日した。

アーミテージは、ベトナム戦争にも従軍した海軍軍人の出身で、政界に転じた後は、共和党のロナルド・レーガン政権で、一九八三年（昭和五十八年）から一九八九年（平成元年）まで国防次官補を務めた。二〇〇二年（平成十四年）当時は、ジョージ・W・ブッシュ政権の国務副長官で、共和党穏健派の重鎮として、コリン・パウエル国務長官とともに、国務省内で絶大な信頼を集めていたという。アジア通であり、アメリカの代表的な知日派（ジャパン・ハンドラー）としても知られている。

八月二十七日夜、ピョンヤンで開かれていた日朝外務省局長級協議から帰国したばかりの田中は、小泉総理の指示を受けて、東京・虎ノ門のホテルオークラで、アーミテージをはじめアメリカ側の関係者に、小泉訪朝の計画を「内報」した。「内報」とは、外交用語で、他国の政府の首脳や幹部に極秘事項を伝えることである。

ちなみに、今回の田中へのインタビューは、この「極秘ブリーフィング」の状況をよく思い出してもらえるようにと期待して、ホテルオークラのスイートルームで行った。

田中は、この時のことを次のように振り返った。

ちょうどこのホテルですよ。このホテルオークラに福田官房長官に主催をしてもらうという形で、部屋を取ってもらって。当時、米国から来ていた代表団ですね。アーミテージ国務副長官、それからジム・ケリー国務次官補、それからマイケル・グリーン、

ホワイトハウスの補佐官（＝NSC・国家安全保障会議の日本担当部長）、それからハワード・ベーカー駐日大使ですね。主だった人がね。他にも何人かいましたけど、彼らに説明をしました。

僕はね、アメリカへの説明をきちんとやりたかった。なぜきちんとやりたかったかっていうと、それまでに何回か、二回か三回だったと思いますけど、訪米して、アーミテージとかジム・ケリーに、実は内報していたんですね。内報した中身は、実は私は、北朝鮮と協議をしているということだった。ですから決して、アーミテージとかジム・ケリーには、寝耳に水ではなかったと思うんだけれども、私は、総理が指示されたこともあって、きちんと説明したいと思ったんです。ですから、私は、ピョンヤン宣言のドラフト（草案）も含めて、自分の見通しも含めて、全て話をした。

彼らはじっと聞いていました。みんな。物音ひとつたてず、じーっと聞いていた。日本がアメリカのブリーフを受けることって、よくあることですよね。それも、驚くようなことについてブリーフを受けることはある。だけど、その逆っていうのは、あんまりないですよ。

田中は忘れているかもしれないが、実は、田中は、筆者が担当記者だった頃、この時の感慨を筆者に語ったことがある。

「僕は、あのブリーフィングの時の光景を、一生忘れないだろうなあ」。

田中は得意だったのだろう。それも無理はない。筆者はそう思う。

戦後の日本外交は、常に「対米追随外交」と言われてきた。戦後世界のリーダーであり、圧倒的な軍事力と情報力を背景に、世界各地で卓越した外交を展開してきたアメリカ。このアメリカに歩調をあわせ、自らの安全と繁栄を守ることが、日本外交の基本だった。

しかし、今回の日朝交渉はひと味違う。日本が自主的に展開したものだ。そして、自らが主導してきた秘密交渉の内容を、アメリカ政府の並みいる高官たちに説明する。彼らは、息を呑んで自分の説明に聞き入っている。田中の感慨は大きかったろう。

もしかしたら、この時が、田中の外交官人生の絶頂だったかもしれない。

—アーミテージがね、すくっと、立ち上がって、「俺に任せろ」と。「自分は今から、アメリカ大使館に戻って、暗号電話でパウエル国務長官に電話する、直接話をする」と。「ついては、次の日、小泉総理からブッシュ大統領あてに電話をしろ」ということを言ってくれた。

私は、アーミテージという人を昔から知っていますけれど、あの人が常に言っているのは、自分は他人を評価する時、物事をデリバーできるかどうか、口だけじゃなくて物事を実現できるかどうかで、評価するんだということなんです。彼自身がそうなんです。「自分は言ったことは実現するんだ」という非常に強い意識を持った人で。ですから、アーミテージでよかったなっていう気がしたんです。

田中がアーミテージに期待したのには、理由があった。

当時、アメリカ政府内では、北朝鮮政策をめぐって、明らかな意見の食い違いが存在していた。アーミテージやケリーは、北朝鮮問題は外交で解決するしかないではないかという姿勢だった。北朝鮮がどんなに不愉快な相手であったとしても、二〇〇二年（平成十四年）の大統領一般教書演説で、北朝鮮をイラン、イラクとともに「悪の枢軸」と名指しをしていたとしても、交渉をしないわけにはいかないではないか。これは、パウエル国務長官もそうであったし、コンドリーザ・ライス国家安全保障担当大統領補佐官もそういう姿勢だった。

そうした勢力と対峙する形で、ディック・チェイニー副大統領、ドナルド・ラムズフェルド国防長官といった、いわゆるネオコン勢力があった。国務省の中でも、ジョン・ボルトン次官などは強硬な意見を持っていた。彼らは「北朝鮮のような『ならず者国家』と交渉をしても、だまされるだけだ。そんな国は締め付けるしかない」という意識を持っていた。

ブッシュ政権内部で、そうした二つの路線が対峙していたのである。

田中は、この時の思いを次のように語った。

――アメリカはおそらく、(日本が北朝鮮と交渉することに)有力な閣僚は反対するだろうと。特にチェイニー副大統領とかラムズフェルド国防長官の反対は目に見えていたわけですね。だから何としてでも、アーミテージを通じて、パウエル、それからブッシュ大統領

米国ブッシュ政権の高官たち

――のラインで話をして、合意をしてもらいたかったですね。

翌日、アーミテージと田中がお膳立てした通り、小泉とブッシュの電話会談が行われる。この時、小泉は、自らの訪朝の計画をブッシュに直接、伝えた。田中も、この電話会談に陪席していた。

――その次の日に小泉さんはブッシュに電話した。私はそばにいて聞いていましたけどね。

ブッシュが言ったことはね、「小泉、お前が言うことについて、俺が反対するわけがない」って。こう言ったんですよ。だから総理には、「自分は、アメリカの利益は絶対に害さない」ということを

小泉総理大臣とブッシュ米国大統領

言ってもらった。
同盟国というのは、それぞれやっぱり違う利益はあるわけですよね。日本は、日本のアジェンダがある。で、拉致っていうのは、日本のアジェンダなんですよね。これは、日本自身が解決しなければいけない問題だ。だからその問題を進めるのに、反対だとは、同盟国であるかぎり言えないわけですよね。絶対に言えない。同盟国の利益を損なうようなことはしないと。ただ、反対もそうなんですよね。日本が、このプロセスを通じて、アメリカの利益を害することはしないということも重要なんです。

5　アーミテージとマイケル・グリーン

一方、こうした日本の北朝鮮に対する、いわば独自外交を、アメリカ側の参加者は、実際、どのように受け止めていたのか。

これを探るため、私たちは、今回、この対米極秘ブリーフィングに参加していたアーミテージ元国務副長官とマイケル・グリーン元大統領特別補佐官にインタビューを行った。

まず、御年七十七歳。日米同盟の巨人であるアーミテージ。

インタビュアーはＮＨＫワシントン支局の高木優支局長である。

私たちは、（北朝鮮問題をめぐって）日本側で何か動きがあり、私の友人である（田中）均が関与していたことを把握していましたが、このことについては、何も言えません。彼と北朝鮮のコンタクトの多くは、外国で行われていました。北朝鮮側の接触相手が誰なのか、当時、私は知りませんでしたし、実のところ、今でもわかりません。

アーミテージ元米国国務副長官

――（質問）「ホテルオークラで行われた秘密の会議については、覚えていますか」。

――だいたいのことは。日本の目的については、特によく覚えています。実際、彼らは、当時おそらく最も注目されていた拉致被害者に関する人道的問題を、最初にめぐってきた機会で解決しなければなりませんでした。そして、日本と北朝鮮との間の雰囲気も改善しようとしており、それは、アメリカにとっても、大変望ましいことでした。

田中さんが首脳会談を手配しましたが、私の理解では、小泉総理自身が基本的に同意していましたし、望んでもいました。先ほども言いましたが、田中氏が北朝鮮側と会っていたことは、私たちも、諜報機関から聞かされていましたので、特に驚きではありませんでした。北朝鮮の誰に会ったかまでは、わかりませんでしたが。そして、私の経験上、田中さんが気まぐれで行動したり、物事が完璧に運ばない限り、決定を下したり、総理に何かをさせることはしないと、わかっていました。均には、彼なりの勝算があったのです。

田中がアーミテージを信頼していたのと同様に、アーミテージも田中を信頼していた。

――(質問)「田中さんの説明を聞いて、どのように思いましたか」。

私は大賛成でした。ご存知かもしれませんが、アメリカ政府、ジョージ・ブッシュ政権、そして私自身、拉致被害者の問題の解決の必要性を認識し、関与していました。ブッシュ大統領も完全に理解していました。ですから、基本的に私たちは、この計画に好意的でした。そして、北朝鮮と日本との間の雰囲気が改善されれば、北東アジアの平和と安定のためにも望ましいと思いました。

ただ、アーミテージは予想通り、ネオコン勢力には冷淡だった。

私は、彼らが関わる問題ではないと思っていました。これは、日本と北朝鮮の問題です。小泉は、私たちに情報を提供することで、敬意を払ってくれました。ただ、私は、チェイニーやラムズフェルドといったネオコン勢力に、この情報を伝える必要はないと感じていました。言っても、状況が混乱するだけです。

一方、アーミテージは、田中が自らに期待した理由については、次のように分析してみせた。

私がなぜよいパイプ役だったかは、均も言うと思いますが、まず第一に、彼が私をよく知っていたからです。第二に、私はアジア通として知られていたからです。第三に、均は、私がネオコン勢力に、日米関係をこじれさせるようなことを決してさせないことを知っていました。こういった三つの要素が絡み合った結果でしょうね。そして、均は、私がパウエル国務長官に直接連絡できること、ブッシュ大統領からも、いわゆる「バルカン（内諾）」を一日で返してもらえることを知っていました。さらに言えば、アメリカから許可をもらうという形にはしたくないけれど、アメリカと協議はしたいし、情報も伝えたいという微妙な状況の中では、小泉総理とも親しく話ができるような（アメリカ政府内の）誰かが必要だった。それが私だったということでしょう。

最後に、アーミテージはこう言った。

当時、アメリカは、北朝鮮と有意義な交渉ができていませんでした。もし日本が成功すれば、それは、アメリカの利益にもなると思いました。だから、日本を止めることはしなかったのです「So let Japan try.」。

マイケル・グリーン元米国大統領特別補佐官

「So let Japan try.」アメリカ外交のしたたかさを感じさせる一言だった。

さて、アーミテージが高齢となった現在、実質的にジャパン・ハンドラーの第一人者になったといえるマイケル・グリーン。グリーンは、この極秘ブリーフィングについて、次のように回想している。インタビュアーは、NHKシドニー支局の青木緑支局長である。

実は、外務省はこの日まで、アメリカ側に何も説明してこなかったのです。私たちは、何か動きがあることはわかっていましたし、東京とピョンヤンとの間で緊迫した二国間外交の準備が進行していることも知っていました。しかし、福田官房長官と田中さんから説明を受けるまで、私たちアメリカ代表団は、何も詳細を知らされていませんでした。

福田官房長官と田中さんが、小泉総理の訪朝について、私たちに提供してくれた情報は、非常に機密性の高いものでした。従って、この情報は、国務長官のコリン・パウエル、国家安全保障担当補佐官のコンドリーザ・ライス、およびブッシュ大統領とのみ、共有されました。田中さんの外交上の駆け引きや日本の機密を尊重するために、私たちは、とても厳重に秘密を保ったのです。私たちは、ペンタゴン・国防総省とも共有する必要はないと判断しました。実際、ペンタゴンは北朝鮮に対してタカ派的な対応をしており、彼らがこの情報を漏洩して、首相の訪問を妨害するのではないかと、私たちは少し心配していました。通常は、透明性を保ち、重要な情報は各部門と共有していましたが、この件については、小泉総理の外交と田中さんの努力を尊重するために、国務省とホワイトハウスの最高レベルの指導者にしか伝えませんでした。

ただ、情報から外された形となったアメリカ国防総省・ペンタゴンの高官たちは、この数日後、小泉総理の訪朝が発表された時、「反撃」に出たという。

小泉総理の訪朝が発表された時、ペンタゴンの高官が数名、「ブッシュ大統領が非常に怒っており、失望している」と、匿名で日本のメディアに漏らしました。私はブッシュ大統領のもとで直接働いていたので、彼が怒ったり失望したりしていないことを知っていました。実際、私たちは、その夜（ブリーフィングがあった夜）、ベーカー駐日大使の邸宅に行き、特別な電話ラインを使ってパウエル長官とライス顧問と直接話しましたので、このことで大統領が驚くはずがなかったのです。

小泉総理のピョンヤン訪問の前の九月上旬、両首脳が会った際、ブッシュ大統領は小泉総理を全面的に信頼していると言いました。大統領は、彼が日米同盟の強力な支持者であり、判断力に優れた人物であることを知っていました。そして、個人的にも、大統領は総理を心から尊敬し、信頼を寄せていました。ですから、アメリカの北朝鮮政策についても、総理の訪朝まで決定を下しませんでした。それほど親密な関係だったのです。しかし、ペンタゴンのスタッフは、何も知らされていなかったので、驚いたのでしょう。

彼らは日本のメディアに「大統領が怒っている」と言いましたが、それは、真実ではありません。そのため、日本での一部の報道は残念なものでしたが、仕方がありませんでした。私たちはひたすら口を閉ざして秘密を守り、小泉総理の努力を守ることを優先しなければならなかったのです。

二〇〇二年（平成十四年）八月三十日。日本政府は、小泉総理大臣が九月十七日にピョンヤン（平壌）を訪れ、北朝鮮のキム・ジョンイル（金正日）総書記・国防委員長と首脳会談を行うことを発表した。これに先立って、政府は、アメリカ、韓国、中国、ロシアに、外交ルートを通じて事前通報を行った。アメリカには、改めての通報ということになる。

その上で、小泉は、与党の自民・公明両党の幹部を総理大臣官邸に呼び、自ら事前説明を行おうとしていたが、その矢先、韓国の夕刊紙『文化日報』が「小泉訪朝」を特報した。「韓国政府への事前通報が漏れたとしか考えられない」。田中はそう直感した。

一 僕らはきちんと（事前通報の）手続きを尽くしたいと思った。だから、外国との関係においては、アメリカは、もう既に直接やったと。後は、韓国、中国、ロシア。これについては、事前の内報をしたいと。ただ、韓国にやると、必ず漏れる。それは、覚悟していた。韓国を通じて漏れていくことをね。

ちなみに、二〇〇二年（平成十四年）八月三十一日付の『朝日新聞』朝刊には、「小泉首相訪朝を世界に先駆けて伝えたのは、韓国の主要夕刊紙、『文化日報』の東京特派員、イ・ビョンソン（李秉璿）さんだった」とする記事が掲載されている。その記事によれば、三十日朝、イ・ビョンソンが、普段付き合っている取材先に電話を入れると、「小泉首相が訪朝するらしい」と耳打ちされたという。時計を見ると、午前九時半。信頼している三人の関係者に次々と電話を入れたところ、「訪朝は九月十七日」「日帰り」といった断片情報が集まり、事実だと確信。およそ三十分後、ソウルの本社に電話を入れ、正午過ぎ、イ・ビョンソンの特ダネが一面トップを飾った夕刊が配られた。インターネット版にも配信され、日本の通信社などから問い合わせが相次いだという。記事の最後に、イ・ビョンソンのコメントがある。

「東京特派員として、これ以上大きなニュースはない。どきどきした。努力しても特ダネが得られないこともあるのに、たまたま電話した相手から情報がもたらされた。本当に偶然だった」。

日朝交渉は、小泉の強い指示で、ほぼ一年にわたり秘密が保たれた。が、最後の最後で水が漏れた。「総理はこの報道を見て、怒るに違いない」。田中はそう思った。

しかし、官邸に報告に訪れた田中に対し、小泉はニヤッと笑って、こう言ったという。

「いや、田中さん。よくここまで秘密が守れたな」。

第五章　ミスターXとは誰だったのか

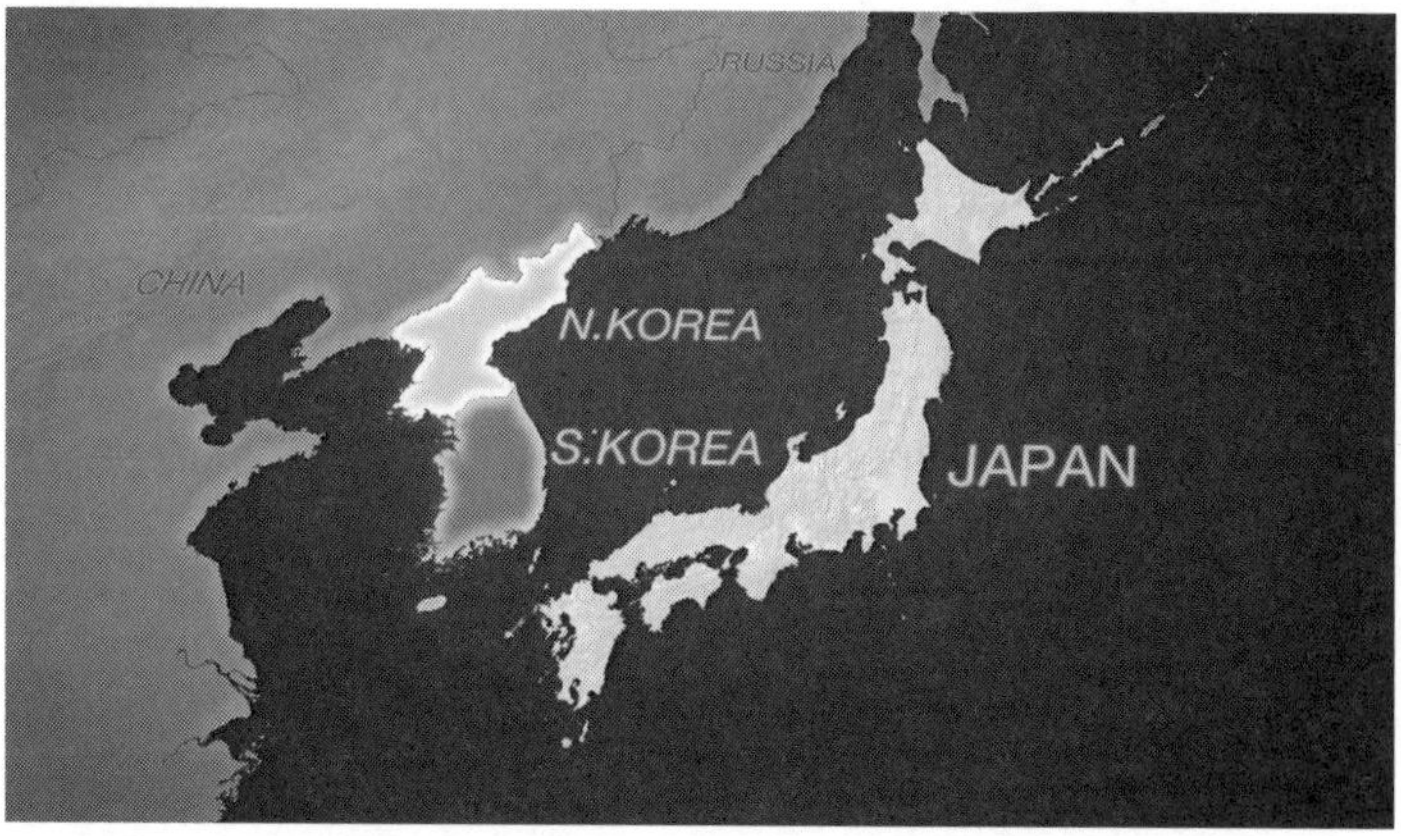

1　「課報機関トップ」？「国家安全保衛部出身者」？

二〇〇一年（平成十三年）秋から、二〇〇二年（平成十四年）九月の日朝首脳会談に至るまで、およそ一年間、三十回近くにわたって行われた日朝秘密交渉。この交渉における日本側の担当者＝田中均の北朝鮮側のカウンターパート、いわゆる「ミスターX」については、交渉から二十年が経った現在でも、日本では、その名前や身元を確定できていない。

このため、本書でもこれまで、この人物について「X」と表現してきたが、日朝首脳会談当日の状況を描く前に、本章では、Xの正体について、あえて推察してみたい。

まず、交渉当事者として、Xと直接、向き合い、長い時間を共有してきたのは田中だ。

先述したように、Xは田中に対し、「国防委員会に所属するキム・チョル」だと名乗った。しかし、田中は、それを信じず、偽名だと判断していた。

外見は、中肉中背で色白の「優男」風。ただ、目つきは鋭かった。

また、田中は「私よりは、たぶん十五歳ぐらい若かった」と証言している。一九四七年

（昭和二十二年）生まれの田中は、二〇〇一年（平成十三年）当時、五十四歳だったから、Xは当時、四十歳くらいに見えたということだろう。

さらに、田中は、Xが漂わせる雰囲気や発する言葉の端々から判断して、「軍人で、かつ諜報機関のトップであることは間違いない」と感じたという。

実際、Xは、たくさんの勲章が付いた軍服を着て交渉の場に現れ、自らが高級軍人であることをアピールしたこともあった。

一方で、脱北した北朝鮮の元外交官で、当時、北朝鮮外務省のEU・ヨーロッパ連合担当課長だったテ・ヨンホ（太永浩）は、NHKのインタビューで次のように述べている。

北朝鮮の外交官は、日本人拉致被害者の安否、どこにいるのかについて、全く知りません。国家安全保衛部出身者だけが知っています。彼らは、外交官と資料を絶対に共有しません。

（北朝鮮の交渉担当者は）その人も、国家安全保衛部出身者です。

（北朝鮮の交渉担当者は、キム・ジョンイルと）とても関係が深かったと思います。外交では、当時のカン・ソクジュ第一外務次官が、キム・ジョンイルと単独で会えるほどの最側近でした。ところが、カン・ソクジュは、拉致問題に対する謝罪と再発防止の約束は落とし穴だと思っていた人だったんです。それなのに、カン・ソクジュの意見を押し切って、キム・ジョンイルの同意を得たということは、（その交渉担当者は）キム・ジョンイルに随時単独で会えるような位置にいる人間でした。

国家安全保衛部とは、北朝鮮の秘密警察・情報機関である。テ・ヨンホの証言によれば、Xは、この国家安全保衛部の出身者で、当時、キム・ジョンイル総書記の最側近といわれたカン・ソクジュ第一外務次官をしのぐほど、キム・ジョンイルへの影響力が強かったということになる。また、このテ・ヨンホの証言は、「Xは諜報機関のトップに間違いない」という田中の心証とも一致するし、交渉の折々にXが垣間見せた「物事を実現する力」とも符合する。

さらに、当時、アメリカ・ブッシュ政権で国務副長官を務めたアーミテージも、今回のNHKのインタビューで、同様の見解を示している。

日朝首脳会談のあった二〇〇二年までに、私たちは、すでに六年も北朝鮮の外務省と交渉を試みていました。実際には、彼らは無力で、私たちは儀礼的なやりとりをしているだけでした。ですから、ミスターXが誰であろうと、外務省の関係者ではなく、治安機関の関係者で、キム・ジョンイルと話すことができた人物であったことは明白でした。このことは確実だと思いますが、Xが誰だったかは、わかりません。

2　Xの正体は「あの軍人」？

慶應義塾大学の礒﨑敦仁教授は、北朝鮮政治の研究を専門にしている。また、礒﨑教授は、二〇〇一年（平成十三年）から二〇〇四年（平成十六年）にかけての時期、つまり、日朝交渉が水面下で最も熱を帯びていた時期に、北京にある在中国日本大使館で外務省委嘱の専門調査員を務めていた経歴を持つ。当時から日朝関係を熱心に見つめていた。

この礒﨑教授も、Xはキム・ジョンイル総書記に近い人物だったと考えている。

日本にとっては、拉致問題を解決する、これが最重要課題として掲げられているわけですけれども、北朝鮮にとっては、これは極めて不愉快な問題なわけですよ。北朝鮮としては、要求を突きつけられている感覚なんですね。敵国である日本に。こういう不愉快な要求を、トップのキム・ジョンイル国防委員長に上げることができる人物というのは、相当、覚悟も必要ですし、信頼されている人物じゃなきゃいけない。

実は、このXの正体については、日韓の研究者や報道関係者の間で、ある名前があがっている。リュ・ギョン（柳敬）という名である。

例えば、朝日新聞でソウル支局長や編集委員を務めた牧野愛博記者は、その著書『北朝鮮秘録』（文藝春秋）で、「国家安全保衛部の第一副部長だった柳敬（リュ・ギョン）こそ、ミスターXだった。柳敬は『将軍様と二人だけで酒を飲む間柄』と言われ、周囲から絶対権力者とみられる存在だったが、政治闘争の犠牲者となり、二〇一一年二月初め、自宅で一族と共に銃殺の憂き目にあった」と書いている。

しかし、リュ・ギョンについては、確認できる公式の情報は極めて少ない。

朝鮮労働党の機関紙『労働新聞』の二〇〇九年（平成二十一年）三月八日付の紙面には、最高人民会議の代議員六百八十七人が選出されたという記事が掲載されており、その中で、リュ・ギョンという名前が確認できる。

また、二〇一〇年（平成二十二年）九月二十八日付の紙面には、朝鮮人民軍の最高司令官命令が掲載されており、リュ・ギョンという人物が「上将」に昇格したことが書かれている。

さらに、翌二十九日の紙面で、リュ・ギョンが労働党代表者会議の中央委員候補に選出されたことが記載されている。

そして、二〇一一年（平成二十三年）五月二十日の韓国の聯合ニュースで、朝鮮労働党国家安全保衛部副部長だったリュ・ギョンが処刑された可能性があるという記事が出ている。

このXイコール「リュ・ギョン」説について、礒﨑教授はこう語る。

慶應義塾大学・礒﨑敦仁教授

ミスターXが誰だったかは、わからないです。処刑されたリュ・ギョンという秘密警察の幹部であったというふうに言われていますけれども、その証拠はなかなか出てこない。反証もできなければ、証拠もないという状況ですね。

当時の国家安全保衛部の幹部であって、その後、失脚した、処刑されたと言われていて、日本側とも縁が切れているという情報と一致しているので、彼ではないかということなんでしょうかね。

筆者は今回のインタビューで、田中に直接、このことを確かめようとした。

――（筆者質問）田中さんのカウンターパートは、

――国家安全保衛部の副部長だった、リュ・ギョンだったんじゃないですか。

僕は知りません。そういうことが、韓国の新聞にも書かれているけど、私が確信を持って言える話ではないのでね。

――(筆者質問) 本人はそう名乗らなかったんですか。

もちろん名乗っていないですよ。

日本の国内でね、いろんな評論家とかメディアの人が、いろんなことをあたかも見てきたように言われるけれども、私は、確証がない限り、それを信用することはしないというふうに思っています。もうこれは、百鬼夜行の世界でね、ディスインフォメーションとか、謀略の世界なのでね。それは、日本も気をつけないといけないというふうに思いますね。

結局、田中は、Xイコール「リュ・ギョン」説を、肯定も否定もしなかった。

田中とXは、厳しい交渉で対峙しながらも、一方で互いに人間的な信頼感を持つような、不思議な関係になっていったという。田中は、次のように心情を明かししている。

（Xについて）印象に残ったのは、いろいろありますけどね。人間的なところですよね。「田中さん、自分の娘に会ってくださいよ」とかね、「家族で交流できればいいね」とかね。最後の方は、ものすごく人間的な交流になっていたんですよね。彼が相当、苦しい立場に立ったことも、事実だと思いますよ。だから、彼が処刑されたっていう話を聞いた時は、やっぱり非常に思うところはありましたね。なかなか厳しい国だなっていうことですかね。

こう言って、田中は、なにか遠くを見るような眼差しになった。

第六章　日本外交のいちばん長い日
二〇〇二・九・一七　平壌

1　「五人生存、八人死亡」の衝撃

その日、田中は午前六時に自宅を出た。長い一日の始まりだった。政府専用機が出発する羽田空港に向かう。いろいろなことが頭を去来した。

首脳会談では、キム・ジョンイル（金正日）総書記が小泉純一郎総理大臣に対し、拉致を認めて謝罪し、被害者の安否情報を出す。そして、両首脳が、日朝平壌宣言を発出する。事前の北朝鮮側との協議では、そういう段取りになるはずだった。ただ、リスクは残る。キム・ジョンイルは本当に拉致を認めるのか。安否情報を出すのか。

この時の心境を、田中は今回のインタビューで、次のように語っている。

――やっぱり、どうなんだろうな、何かその、これはどういう展開になっていくんだろうなっていうことを、一生懸命、自分の頭でシミュレーションしていましたね。

私の頭の中にはね、確信はありましたよ。要するに、一年かけて、それを作ってきたわけだからね。「どこかにその証拠はありますか」と言われたら、それはないですよ。だけど、交渉っていうのは、そういうものであって、ここに結果というものができるという確信がなければできないですよね。

僕には、一年間やってきた確信みたいなものはあったし、交渉相手に対する信頼もありましたしね、だから、梯子を外される不安感というのはありませんでしたね。正直ね。だけど、それが全てうまくいくかなっていう意味の漠然とした不安感はありましたね。

日本政府代表団を乗せた政府専用機は、午前六時四十六分、羽田空港を出発し、九時十二分、ピョンヤン・スナン（順安）国際空港に到着した。

この間も、頭の中でいろいろなことを反芻していたという田中。専用機が羽田を飛び立ち、ピョンヤンの飛行場に着陸するまでの時間は、とても短く感じられたという。

空港で一行を出迎えたのは、当時の北朝鮮のナンバー2、キム・ヨンナム（金永南）最高人民会議常任委員長だった。田中がXに求めていた、キム・ジョンイル総書記本人ではなかった。

機内から姿を現した小泉総理は、厳しい表情でゆっくりとタラップを降りて行く。日本の総理大臣が、史上初めて北朝鮮を訪問した瞬間だった。

着陸してから、一行は長い誘導路を通ってターミナルビルに向かった。

——長いんですよ。あそこ。実際、延々。やっぱり安全保障の問題があるんでしょうね。私たちを遠くに降ろして、ずっと、長い長い滑走路とエプロンを通って、ターミナルビルに着くんですよね。だから、あんなに長いと思ったのは初めてでしたね。

——（筆者質問）「どんなことを思われましたか」。

——どんなことを思ったか。もう全くと言っていいぐらい、覚えてないですが、やっぱりものすごい不安な気持ちがあったのは、あったんでしょうね。

一行は、空港から、首脳会談が行われる百花園（ペッカウォン）という迎賓館に移動した。

タラップを降りる小泉総理大臣

「百種類の花が咲く」という意味で、北朝鮮の招待所の中で、最も権威のある迎賓館とされている。

ところで、小泉総理の訪朝にあたって、北朝鮮側は、日帰りではなく何泊かするよう求めていた。しかし、小泉は日帰りに固執し、食事会の誘いも断った。北朝鮮とすれば、遠方から賓客を招いておいて、食事も出さなかったというのでは、礼を失するし、メンツも立たない。ワーキングランチの形式で昼食をともにするのはどうかと打診してきたが、日本側は「外交儀礼を極力排除した実務訪問にしたい」というのが、総理の強い意向だとして、断った。拉致問題という重い課題を扱う、国交のない国との首脳会談である。また、拉致問題がどのような展開になるかわからない状況で、いかに外交儀礼であっても、華やかな社交や宴会を行うわけにはいかない。結局、昼食会なしの日帰り訪問となったが、この判断は「正解」だった。

一行が百花園に到着すると、北朝鮮側は、すぐに事務レベルの準備会合を行いたいと言ってきた。これを受けて、田中は徒歩で、百花園の別棟にある会議室に向かう。

この席で、北朝鮮外務省のマ・チョルス（馬哲朱）アジア局長は、「首脳会談の前に日本人行方不明者の安否情報を伝えたい」として、拉致被害者のうち、五人が生存し、八人が死亡したという情報を伝えてきた。

「生存している」五人とは、蓮池薫さん、蓮池祐木子さん、地村保志さん、地村富貴恵さん、曽我ひとみさんである。「死亡した」と伝えられた八人には、横田めぐみさん、有本恵子さん、田口八重子さん、市川修一さん、増元るみ子さん、石岡亨さん、松木薫さん、原敕晁さんが含まれていた。

しかし、北朝鮮から伝えられる情報をそのまま鵜呑みにするわけにはいかない。

これに対し、田中は言った。

「生きているという人々には、直ちに日本側の面会を求める。死んだという人々については、詳細な事実関係の調査報告を求める」。

そして、念を押した。

「キム・ジョンイル国防委員長自身が、首脳会談で拉致について明らかにしなければならない」。

先方は押し黙ったままだったが、しばらくしてこう言った。

「国防委員長自らが判断される」。

田中は、この時の心境を次のように語っている。


さっき、シミュレーションということを申し上げたし、ずっと準備の過程で、たぶん生きている人も死んでいる人もいるかもしれないという想定はありましたから、基本的な対処ぶりっていうのは、既に決まっていたわけです。要するに、生きている人には直ちに会わせろと。それから、「死んだ」とあなた方が言う人については、なぜ死んだのか、どこで亡くなったのかということも含めて、徹底的に調査をしたいと。デリゲーション（調査団）を送るなり、何なりして、それは解明する。それに対して、北朝鮮は明確に事実究明を行うという約束をしろと。それから、キム・ジョンイル総書記が拉致を認めて謝罪することもやってくれと。その上で、二度とこういうことは起こさないということと、徹底的な調査をすること。それ以外にないわけです。きちんと調査をしていくということ以外にないと、私は思いましたし、その結果を含めて小泉総理に報告したということですね。

田中は再び徒歩で、百花園の総理の居室に向かった。歩く道はかなり、長かったという。首脳会談までにあまり時間を与えない北朝鮮の戦術かと、思ったりしたという。

居室に戻ると、田中は、小泉総理、随行してきた安倍晋三官房副長官、高野紀元外務審議官らに、北朝鮮側が言ってきた「五人生存、八人死亡」の情報を報告した。その瞬間、一同の間を重苦しい沈黙が支配した。厳しい一瞬だった。

—（筆者質問）「政府中枢の方々は、非常に重苦しい雰囲気でしたか」。

日朝首脳会談冒頭

もちろん、そうですね。それ以外のことってないですよね。やっぱり死んだ人がいるし、具体的な名前で出てきたってことは重いですよね。ただそれについても、一定のシミュレーションはされていたわけで、小泉総理として、（キム・ジョンイルに）どういう言葉で抗議をして、どういう言葉で将来に向けての約束を取り付けるかということだったわけです。

午前の首脳会談は、十一時過ぎに始まった。

首脳会談に出席した日本側のメンバーは、小泉総理、安倍官房副長官、高野外務審議官、平松賢司・外務省北東アジア課長、通訳、そして田中（アジア大洋州局長）だった。

一方の北朝鮮側は、キム・ジョンイル総書記とカン・ソクジュ第一外務次官、あとは通訳のみ。

冒頭、キム・ジョンイルはこう言った。

「この会議を契機として、両国を真の意味で近くて近い国にし、近くて遠い国というのは、前世紀の古い言葉にしたい」。

小泉はこう返した。

「この会談を、日朝関係を大きく進める契機にしたい」。

その上で、小泉は拉致問題を提起した。その時の状況を、田中はこう描写している。


午前の会議で、小泉総理が拉致の問題について、非常に強い言葉で抗議して、なおかつ、「北朝鮮はそれを認めなければいけない」と。「生きている人には面会して、日本に返す。それから、死んだといわれる人がいるならば、それについては、徹底的な調査をする。再発防止。それから、なぜこうなったのかということを説明しろ」というようなことを言われて。だけどその場では、返事が全くなかったです。

——（筆者質問）「キム・ジョンイルから？」

——全くなかった。それを聞いた上で「午後に返事します」というようなことでしたね。

午前の会談で、キム・ジョンイルは、何も言わなかった。明示的に拉致を認めることもなかった。小泉が、拉致や核の問題で厳しく主張を述べたのに対し、午後の会談で、返答をしたいというだけだった。

日本側の失望は大きかった。

2　金正日、拉致を認めて謝罪

昼の休憩時は、東京から持参したおにぎりを食べながらの作戦会議である。

小泉総理に随行していた飯島勲政務秘書官は、部屋にあったテレビのボリュームを上げるよう、近くの外務省職員に指示した。むろん、盗聴防止のためである。

田中は小泉に言った。

「午後の会談で、総理に強く迫っていただかないと、キム・ジョンイルは拉致を一切、認めないかもしれない。もし先方が拉致を認めない場合は、共同宣言の署名をどうするか、再考しなければなりません」。

そう言いながら、田中は、むしろこの部分は北朝鮮に盗聴してもらって良いと思った。安倍官房副長官も高野外務審議官も、キム・ジョンイルがこのまま拉致を認めなければ、日朝平壌宣言には署名すべきでないという意見だった。

この時の状況について、田中は、インタビューで次のように述べている。


――（筆者質問）「昼の段階では、午後の会談で、キム・ジョンイルが拉致を認めて謝罪しないのであれば、平壌宣言も署名できないとか、そういった流れだったんですか」。

――それはもう、当然のことですね。流れっていうか、それが前提ですからね。ただ、僕は、キム・ジョンイルが認めて、謝罪して、生きている人を返す。それから再発防止等の調査をするということは言うだろうっていう確信は持っていたから。そのために交渉してきたわけだからね。午後の会談で、必ず言ってくるというふうに思っていました。

午後の首脳会談は、二時から始まった。キム・ジョンイル総書記は、手元のメモに目を落としながら、堰を切ったように話し出した。

「拉致の問題について説明したい。内部の調査を行った。この背景には、朝日間の数十年の敵対関係があるが、誠に忌まわしい出来事である。七十年代、八十年代初めまで、特殊機関の一部が、妄動主義、英雄主義に走って、こういうことを行ったと考えている」。

「こういうことを行ったのには、二つの理由があると思う。一つは、特殊機関で日本語の学習ができるようにするため。もう一つは、日本人の身分を利用して南（韓国）に潜入するため。私がこのことを知るに至り、関連の責任者は処罰された。これからは二度と起こさない。この場で遺憾なことであったことを率直におわびしたい」。

キム・ジョンイルは、ついに拉致を認め、謝罪した。

日朝首脳会談時の田中均

拉致が、北朝鮮が行った国家犯罪として明らかになった瞬間だった。同時に、拉致問題の具体的な解決に向けての長い道のりが始まった瞬間でもあった。田中は、この瞬間にどのような感慨を持ったのか。筆者は今回のインタビューで、それを率直に聞いてみた。田中の答えはこうであった。

いや、だから、それは、もちろん、ずっと重いんですよ。このあと、私はありとあらゆる批判を受けましたけれどね。ありとあらゆる批判を受けた。だけど、私の思いの中には、自分の保身とか栄達とか、そういう意識っていうのは、実は全くなかったわけですよ。自分が、一九八七年にキム・ヒョンヒ（金賢姫）に会って、それから十五年の歳月を経て、（朝鮮半島の問題で）いろんなことをやって来て、それでこれしかないと、包括的な形で枠組みを作って、その中で、相手に拉致を認めさせるしかないというふうに思ってきた。その上での日朝首脳会談だったんです。小泉総理も、そこは完全に理解された上で、政治家としてリスクをとって、その判断のもとに行かれたわけですから。

今から考えてみると、そういう思いがダーッと流れて来て、本当に重かったなという気はありますよ。もちろん、亡くなったと言われた人たちの顔が浮かんで。その辛さっていうのは、僕らの辛さの比じゃない、もっと深い悲しみと辛さがあるわけだから。そういうことに対して、思いはしましたけれどね。だけど、どうなんでしょうね。他に方法があったかなっていう思いがね、その時は要するに、これを持って帰るしかないという意識でしたけどね。

万感が胸に迫ったのだろう。この時の田中は、いつになく感情的だった。

3　日朝平壌宣言

首脳会談後、小泉総理大臣とキム・ジョンイル総書記は、会談の成果文書である「日朝平壌宣言」に署名した。

この中では、まず、「双方が、国交正常化を早期に実現させるため、あらゆる努力を傾注することとし、そのために二〇〇二年十月中に日朝国交正常化交渉を再開する」とした。

そして、過去の清算については、「日本側が、過去の植民地支配によって、朝鮮の人々に多大の損害と苦痛を与えたという歴史の事実を謙虚に受け止め、痛切な反省と心からのおわびの気持ちを表明した」とする。

その上で、日本が北朝鮮に対し、国交正常化実現後、経済協力を実施することを明記している。

また、「日本国民の生命と安全にかかわる懸案問題」、すなわち、拉致問題については、「北朝鮮側は、日朝が不正常な関係にある中で生じたこのような遺憾な問題が今後再び生じることがないよう適切な措置をとることを確認した」とする。

さらに、「双方は、朝鮮半島の核問題の包括的な解決のため、関連するすべての国際的合意を遵守することを確認した」とし、「核問題及びミサイル問題を含む安全保障上の諸問題に関し、関係諸国間の対話を促進し、問題解決を図ることの必要性を確認した」とする。

このように「日朝平壌宣言」は、過去の歴史の清算に加えて、拉致問題、核・ミサイル問題を包括的に解決し、国交正常化の早期実現を目指すという政治宣言である。その後の日朝関係の基礎となった文書であり、日本政府は、署名から二十年経った現在も、この宣言に基づいて、対北朝鮮外交を進めるという立場に立っている。

二〇二二年（令和四年）九月十七日、岸田総理大臣は、記者団に対してこう述べた。

「我が国は従来、日朝平壌宣言に基づいて、拉致・核・ミサイルといった諸懸案を解決し、不幸な過去を清算して、国交正常化を目指す考えだ。この方針は、今後も何ら変わらない」。

宣言に署名する小泉総理の手元

一方、田中は首脳会談後、同行記者団に会談結果についてブリーフィングを行うべく、会場の高麗ホテルに行くため、百花園を後にした。ただ、記者にブリーフィングをする前に、東京で拉致被害者家族の人々に結果を伝えなければならない。東京では、あらかじめ外務省飯倉公館に集まっていた拉致被害者家族の人々に対し、福田官房長官から説明が行われた。田中は、この東京での説明が行われている間、高麗ホテルの一室で待機していた。本当に長い時間のように感じられたという。

重苦しい雰囲気が支配した記者ブリーフィングを終えて、田中は、日朝平壌宣言への署名を終えた小泉総理と、高麗ホテルの別の部屋で合流し、すぐさま記者会見の準備を始めた。小泉は、ひとり厳しい

宣言に署名する金正日総書記の手元

表情で沈思黙考していた。田中は、その姿に「政治家の覚悟」を見たような気がしたという。

あの時に、小泉さんのいろんな面を見たんですけどね。例えば、あの時には、僕は記者ブリーフをしましたけど、小泉さん自身が記者会見をされたわけですね。現地でね。その時の準備のプロセスの中で、やっぱり何ていうのかな。極めて深刻だったし、その、深刻ぶったわけじゃない。本当に深刻だったですよ。彼の意識として。だから、僕は思った。この人は国事、国のためにやっているんだっていう強い印象を持ちましたね。だから、ああいうことは二度とないでしょうけれどね。

小泉総理大臣の記者会見は、午後六時半過ぎから高麗ホテルで行われた。

小泉はまず、拉致された人々と拉致被害者家族への深い同情を述べた。

「帰国を果たせず亡くなられた方々のことを思うと、痛恨の極みだ。ご家族の気持ちを思うと、言うべき言葉もない」。

その上で、拉致問題の解決と国交正常化に向けて努力する決意を続けた。

「日朝間の安全保障上の問題の解決を確かなものにするために、日朝国交正常化交渉を再開することにした。きょうまとめた共同宣言の原則と精神が誠実に守られれば、日朝関係は、敵対関係から協調関係に向けて大きな歩みを始めることになる」。

「日朝関係の改善は、朝鮮半島や北東アジアの平和に役立つもので、韓国、アメリカ、ロシア、中国など、近隣諸国の安定にも大きく関わってくる。政治家として、この地域の安定の基盤作りに努力していきたい」。

日本に帰国する政府専用機の中で、田中は小泉といろいろな話をしたが、ひと言、印象に残っている言葉があるという。

――（筆者質問）「長い一日でしたね？」

――長い一日だったですね。

――（筆者質問）「帰りの政府専用機の中で、小泉総理とはどんな話をされました？」

――……お茶を飲んでね。私は、外務審議官になった後もそうなんですけど、専用機に乗って帰る時には、よく反省会みたいのをするんですよ。で、もちろん、九月十七日もそうなんですけど、そこで小泉さんが言われたひと言は、すごく印象に残っているんだけどね。彼が言ったのは、「田中さん、我々の意識と要求は、相手によく伝わっていたね」ということを言われたんです。それは、嬉しかったですね。そういう意識を持たれた、そういうことを感じ取っていただいたんであれば、間違っていなかったなっていう気がしました。

ピョンヤンから帰国した数日後、田中の元に小泉から、サントリーの高級ウイスキーが届けられたという。田中は、いささか驚きながら、こう思ったという。

これは、総理大臣が外務省の局長に届けたものではあるまい。おそらく、ひとりの個人からひとりの個人へ向けて送られた、「国家の事業を行っていく上で、お互いに苦労したね」という言外の印のようなものだろうと。

今回のインタビューにあたって、筆者は田中に、「もしこのウイスキーが残っていれば、現物を見せてほしい。できれば撮影したい」と頼んでみた。二十年も前のことだが、ダメで元々だ。田中は笑って、こう言った。「もう、とっくの昔に空けちゃったよ」。

第七章　逆流した日朝関係

1　激化する対北朝鮮強硬世論と「田中均バッシング」

史上初の日朝首脳会談。

それはまさに「歴史が動き、悲劇が残った」というべきものだった。

確かに、北朝鮮の最高指導者に拉致を認めさせ、謝罪させた。その上で、戦後長らく敵対関係にあった日朝両国が、北東アジアに平和な体制を構築するべく、国交正常化に向けて動き出した。

しかし、そんな「外交上の意義」は、明るみになった「拉致被害者の悲劇」の前に、完全に吹き飛ばされた。

「拉致された人のうち、五人は生きているものの、八人はすでに亡くなっている」。

あまりにも衝撃的で残酷な報告は、日本国民の心を激しく揺さぶった。

多くの国民にとっては、生きている喜びよりも、死亡とされた悲しみと怒りの方がはるかに大きかったのである。

首脳会談の直後から、日本政府、とりわけ、外務省に対する批判と攻撃が始まった。「北朝鮮の『安否情報』は全く根拠がない。死亡とされた八人も生きている可能性が高い。それなのに、北朝鮮側の『死亡通知』を鵜呑みにして家族に伝えたのではないか」。「マスコミに『死亡』を既成事実のように情報提供したのではないか」。

そして、こうした外務省批判は、とくに、小泉訪朝を秘密裏におぜん立てした田中への個人攻撃となって、先鋭化していった。

筆者は、今回の取材にあたって、北朝鮮問題に関する、当時の新聞や雑誌の見出しや内容を見返してみた。今から見ると、信じられないような煽情的な見出しが踊っていた。それらの記事や論評をひとつひとつ紹介することは、ここでは控えたい。が、田中個人を激しく批判する内容が多く、まさに「田中均バッシング」という状況だった。

ただ、国民から選挙で選ばれる政治家であれば、その一挙手一投足がメディアの厳しい監視のもとにさらされ、様々な批判を受けるのも仕方がないかもしれないが、いかに注目されていたとはいえ、当時、公務員という身分だった人間に対する批判としては、行き過ぎていたのではないかと、筆者は思う。

また、田中に対しては、与野党を問わず政治家からの批判も多かった。田中は、政治家に対しても、あまり萎縮せず、言うべきことを言うタイプの官僚だったと思う。当時、番記者として田中を間近に見ていた筆者からみても、よく言えば、「政治家に媚びない」官僚だったし、悪く言えば、「高慢な印象の」官僚だった。自らの識見や能力に自信があり過ぎて、勉強をしていない政治家や記者をみると、つい横柄な態度を取ってしまうのかもしれない。加えて、エリート外交官にありがちな、ものの言い方やそぶりにキザなところがあって、政治家からみると、鼻につくところも多かっただろう。

さらに言えば、ヘビースモーカーで、椅子に深々と座りながら、タバコをぷかーっとふかしてみせるようなところもあったから、（もちろん、本人は無意識でやっているのだろうけれど、）「生意気な奴だ」とみる向きも多かったかもしれない。

それはともかく、二〇〇二年（平成十四年）九月二十六日、北朝鮮から帰国した田中が国会答弁に追われている頃のことである。参議院決算委員会で、当時の自民党の三浦一水参議院議員から、拉致被害者の今後の調査に関する質問を受け、答弁に立った田中は、涙を流してしまう。

「十七日に、八人が亡くなられているという北朝鮮の情報に接した時の気持ちをいまだに引きずっている……」。

緊張の糸がふっと切れたかのように、田中はすすり泣いた。

「官僚が国会答弁で泣くとは何事か」と、これもまた非難の対象となった。

また、新聞やテレビは、田中の泣き顔をこぞって大きく取り上げた。

こうしたバッシングについて、二十年経った今、田中は何を思うのか。

だからといって、私は「(北朝鮮と)交渉しなかった方がよかったか」と聞かれれば、そんなことはないと思いますよ。交渉をしなければ、五人の人も帰って来なかったわけだからね。それについて、日本の新聞は、八人死亡ということだけを書き立てて、交渉にいろんな意味の不手際があったということを批判する記事がありましたね。僕は、それはそれなりに甘んじて受けたいと思います。だからといって、交渉しなかった方がいいとか、ほかに方法があったかって言われたら、僕は、それはないと思います。自分の意識としては、自分がやるべきことをやったんだという満足感は、ものすごく大きいで

すよ。これは、いつまでたっても、その満足感は忘れない。批判も、その満足感を凌駕するものじゃないです。もし批判されればね、それは、人間はつらいものですよ。私は、その時の気持ちを国会で聞かれて、不覚にも涙を流した。そうすると、新聞は「鬼の目にも涙」と書いたわけだけどね。

2　拉致被害者五人の帰国

小泉総理の訪朝から一か月の時を経て、拉致被害者五人の帰国が実現する。新潟県出身の蓮池薫さん、祐木子さん夫妻、福井県出身の地村保志さん、富貴恵さん夫妻、そして新潟県の佐渡出身の曽我ひとみさんである。

日朝首脳会談以降も、田中とXとの間で、この五人を日本に帰国させるための交渉が続けられていた。本来なら、この五人とともに、蓮池さんと地村さんの子供たちも一緒に帰国させることが望ましい。しかし、子供たちには、自分たちが拉致されてきた日本人であるという話はしていないという。北朝鮮で生まれ育った子供たちなので、時間をかけて親

帰国した拉致被害者たち

が説明しないといけない。そう北朝鮮側は主張した。

ただ、日本側は、五人だけでも帰国させることにこだわった。一時帰国であっても、早急に帰国させる。北朝鮮に残った家族の問題は、その上での話だ。田中は説得を続け、ついに五人の帰国が実現した。

二〇〇二年（平成十四年）十月十五日、五人を乗せた全日空のチャーター便が、羽田空港に到着した。家族との感動の対面が大きく報道された。

ただ、五人は子供たちを北朝鮮に残したままである。北朝鮮との約束では、五人の帰国は「一時帰国」となっていた。一週間から十日程度の一時帰国の後、再び北朝鮮に戻り、子供たちに真実を説明し、その後、皆で日本に永住帰国することが想定されていた。

しかし、日本で五人を迎えた家族は、自分の息子や娘を、再び拉致を行った北朝鮮に戻すことは、どうしても受け入れられない。当然のことだ。

また、北朝鮮と「一時帰国」の約束をしたことに、世論の批判も高まった。批判の矛先が向かったのは、「北朝鮮寄り」とされた外務省、ひいては、田中だった。政府内でも議論が行われた。

「北朝鮮に残った家族に危害が及ばないことを担保する上でも、日本政府の責任で、拉致被害者五人を北朝鮮に返さないという決定をすべきだ」。

安倍官房副長官や中山恭子内閣官房参与は、こう強く主張した。

田中も、「それ以外の選択肢はない」と思ったという。もし、五人が北朝鮮に戻ったあげく、日本に帰って来られないようなことになれば、内閣の責任問題になる。だから、これは政治家が判断すべき問題だ。しかし、田中は、そのような決定をすることが、どのような影響を持つかについて、官僚として政治家にきちんと説明しておく必要があると考えたという。田中は、インタビューの中で、次のように説明している。

私は最初から最後まで、拉致被害者を日本に永住帰国させるか、あるいは、北朝鮮との約束どおり、いったんは向こうに返すかという判断は、政治判断だと思っていました。これは政治の判断だから、私が返すべきだとか、返しちゃならないということを議論するわけにはいかないと思いました。ただ、私が言ったのは、「返さないと、どういうことになるかということは、政治的な判断をされる前に考えてください」と。それは、二つあってね。一つは、「私がこれまでやってきた交渉のルートはきっと潰れるでしょうね」ということと、もう一つは、「場合によっては、子どもたちを返すまでに相当長い時間がかかるかもしれません」と。「この二つはきちんと覚悟して決めてください」というふうに申し上げたことは事実です。

結局、政府の判断によって、五人の拉致被害者は、北朝鮮に戻さず、日本に永住帰国させることが決まった。ただ、田中は、この時のやりとりの一部がメディアに漏れ、「五人を北朝鮮に戻すよう強く主張した」と報道されたことで、またも「北朝鮮寄り」だと非難される。そしてこのことが、「バッシング」をいっそう加速させることになる。

返さないと、どういうことになるかということは、政治的な判断をされる前に考えてくださいと申し上げたことは事実ですよ。だけど、それをね、私が反対したと言って、世の中に印象を作るというのは、やっぱり意図があるとしか思えないわけですね。だけど、私は官僚だしね、それに対していちいち、「それはそうではありません」というふうに打って出るつもりはなかったし。私の役割というのは、返さないという判断をした瞬間から、子どもたちをいかにして取り返すかということだった。

今から考えてみると、私は目立ち過ぎていたと思いますね。普通の官僚と違って、自分の言葉が引用されることが多くなってしまった。だから、それも不徳のいたすところだと思いますけど、明らかにあれは、政府の中の人がそういう印象操作をされたわけだからね。まあ政治家というのはそういうもんだと、僕は思っていますよ。

このように田中は、「自分は、五人を戻さないことに反対したわけではない」と説明する。ただ、筆者は思うのだ。あの場面で、戻すか、戻さないか、意見をはっきり言わないで、戻さなかった場合にどういう影響があるかだけを説明すれば、戻さないことに反対した、戻すよう主張したと受け取られても、仕方がなかったのではないかと。「官僚である自分が、政治家がすべき判断に踏み込むべきではない。自分は、政治家に判断材料を提供するだけであるべきだ」と考えたのだろうが、そうした態度が相手にどういう心証を持たせるかについても、思いを致すべきだったと、筆者は考える。

この政府の決定を受けて、田中はXに電話をかけ、拉致被害者五人を日本にとどめた上で、子供たちを帰国させるよう要請した。

しかし、うまくいかなかった。「自分たちはだまされた」と、Xは激昂した。拉致被害者が日本政府関係者とともに、ピョンヤンに行き、飛行場で子供たちに説明した上で一緒に帰国する案なども提示したが、Xは一切、譲ろうとしなかった。北朝鮮政府内で、交渉者としての立場がなくなることを恐れたのである。交渉は決裂した。田中は最後にこう言って、電話を切ったという。

「これらの拉致被害者は、拉致された日本人である。日本人について責任を持っているのは、日本政府だ。拉致を行った北朝鮮に、拉致被害者が今後どうするかについて、指図される筋合いはない」。

3　そして日朝関係は長い停滞へ

交渉を決裂せざるを得なかったのには、別の要因もあった。核問題をめぐって、米朝関係は厳しい局面を迎えつつあり、これが日朝関係に影響を与えるのは必至の情勢となっていたのだ。もし拉致被害者を北朝鮮に戻せば、二度と帰って来られなくなる可能性は現実のものとなっていた。

小泉総理は、北朝鮮から帰国後、ブッシュ大統領に訪朝について説明するとともに、アメリカも代表団を派遣して、核問題で北朝鮮と交渉すべきだと進言していた。

これを受けて、ケリー国務次官補をトップとする代表団がピョンヤンを訪問。この際に北朝鮮側は、ウラン濃縮による核開発計画を認めたと大きく報道された。ケリーの訪朝は、米朝の対峙を決定的にすることになったが、同時にこれは、北朝鮮にとっての「主戦場」

ジム・ケリー元米国国務次官補

が日本から再びアメリカに移ったことを意味していた。

この後、北朝鮮は、アメリカに対抗するためだとして、核兵器やミサイルの開発を本格的に進め、核実験やミサイル発射を強行するようになっていく。

また、日本との関係では、その後、国交正常化交渉が再開され、拉致問題調査団もピョンヤンに派遣されたが、すべての面で前には進まず、日朝交渉は停滞していく。

結局、拉致問題については、二〇〇四年（平成十六年）五月二十二日、小泉総理が二度目の訪朝を行い、拉致被害者家族八人の帰国を実現した。

しかし、その後は、日朝間で断続的に協議が進められたものの、目立った進展はない。

二〇一六年（平成二十八年）二月、北朝鮮が拉致被害者に関する包括的調査の全面中止と特別調査委員会の解体を一方的に宣言したのを最後に、議論は止まったままだ。

一方、田中は、日朝首脳会談から三か月後の二〇〇二年（平成十四年）十二月、アジア大洋州局長から外務省ナンバー2の外務審議官に昇格。北朝鮮問題を含む政務・安全保障関係全般を担当することになったが、北朝鮮問題についての直接の担当者という立場は離れた。そして、二〇〇五年（平成十七年）八月、外務省を退官する。大使への転出の打診を辞退してのことだった。一年間にわたる日朝秘密交渉、史上初の日朝首脳会談、拉致被害者五人と家族の帰国、その後の拉致問題の停滞、自らへのバッシング……。こうした様々な経験を経て、田中は「官僚の限界」を感じたのだという。

退官後は、シンクタンクの日本総合研究所・国際戦略研究所で、評論や対外発信活動を精力的に行っている。

4　日朝秘密交渉とは何だったのか

日本の国民に大きな衝撃を与えた二〇〇二年（平成十四年）九月十七日の日朝首脳会談。そして、首脳会談実現に至るまでの一年間の日朝秘密交渉。

あれから二十年の時を経て、私たちのインタビューに応じた田中は、自らの当時の行いへの反省の言葉も、率直に口にしている。

普通の交渉というのは、いろんな段階で国内に向けて説明をする。メディアに対して説明をするから、一定の相場観みたいなものはできていくわけですよね。だから、なぜこうなったのかっていうことについても、よく理解される。あの時は、最初から最後まで秘密でやれと言われて、秘密の交渉で、もし秘密がわかると、成ることがならないし、場合によっては、人が死んじゃうかもしれない。そういう思いを持って交渉したわけだから、ある意味、仕方がなかったと言われれば、仕方がないんですが、だけど、やっぱ

り家族会の人とか、あるいは国内のメディアに対して、よく説明をする余地はなかったかって思う時、ありますよ。

やっぱり秘密でやったことに対するツケがね、来たのかもしれないですよね。

確かに、交渉が秘密裏に行われたことに対する批判は、当時、強かった。

交渉の存在すら知らされていなかった政権幹部は、田中が自分たちに何も知らせずに事を進めていたことに強い不満を抱いただろうし、それが小泉総理の指示によるものだったことを知ると、むしろ、田中へのやっかみや嫉妬のような気持ちを持ったかもしれない。

田中に出し抜かれた格好になったメディアも、反発を感じていただろう。

また、拉致被害者家族も、「せめて自分たちにだけは、内々に知らせてほしかった」と思ったはずだ。

さらに、秘密裏の交渉が後になって公表されたことは、結果として、田中に対する不信や疑念を増幅させることになった。

「田中は、北朝鮮と何か、秘密の合意を結んでいたのではないか」。

慶應義塾大学・礒崎敦仁教授

「実は、田中は、拉致被害者の安否情報を事前に知っていたのではないか」。

田中は否定したが、こうした疑念やそれに基づく批判が収束することはなかった。

では、あの時、秘密外交という手段は、取られるべきではなかったのか。

これについて、北朝鮮政治を専門とする慶應義塾大学の礒崎敦仁教授は、次のような見解を示している。

秘密交渉を進めるということ自体は、成果を得る意味で必要であれば、批判の対象にはなり得ないと思うんですけれどもね。成果を出すことが重要だと、私は考えます。

日朝間の外交というのは、同盟国間とか友好国間でニコニコしながら握手して、親善関係を謳うのとは違うわけですよね。長年にわたって国交すらない、国連加盟国では、唯一、国交のない国なわけですよ。そういった対立してきた国と交渉するということ、自らの主張を通すということ、これは非常に困難なもので、一〇〇%、自らの主張を日本側が通すというのは極めて難しいわけですよね。五十五対四十五で五十五取れればいいという、こういった交渉であったように思う。でもこの二〇〇二年の交渉は、さまざまな批判があるかもしれませんけども、五十五以上のものを取ったと思います。日本側はね。

何しろ北朝鮮は「拉致問題は日本政府のでっちあげ」とまで言っていたわけですから、そこを事実関係を認めさせて、キム・ジョンイル国防委員長を謝罪に追い込んで、拉致被害者を取り返したわけですから、全ての目的が達成し得なかったとしても、何もしないのと比べたら、成果はあったというふうに考えるべきですね。

少なくとも北朝鮮問題、拉致問題で、この二十年間で唯一の成果ですよね。それ以降、拉致被害者は帰って来てないんですから。

では、なぜ、あれほど田中は批判されたのか。

期待値が上がりますよね。史上初の日朝首脳会談でありましたし、拉致問題が国民的課題であったわけですよ。にもかかわらず、全員を取り返すことができなかった。拉致問題の象徴的な存在である横田めぐみさんに至っては、確たる証拠もなく死亡という、そういう通告だけを受けて帰ってきた。これに対する国民の怒りがあったわけです。

じゃあ、あの時に帰って来ることのできた五人の拉致被害者、これが動かなくてよかったのかということを考えたときに、私は奪還できてよかったなと思います。その後につなげていくことが重要であって、それで成果がなかったというふうに批判されるのは、行き過ぎかなと思うんですけどね。

また当時、田中に対しては、「同盟国のアメリカにも、ぎりぎりまで日朝交渉を秘密にしていたことで、アメリカの不信を買った」という批判もあった。「アメリカ政府の高官が、田中のことを「サスピシャス・ガイ（怪しい奴）」と呼んでいる」という一部報道もあった。

実際はどうだったのか。私たちは、今回、当時のブッシュ政権の高官に、このことを率直に聞いてみた。まず、国務副長官だったアーミテージ。

私は（田中）均を良く知っていますが、彼は私にも交渉の詳細を決して明かしませんでした。情報がリークされれば、（北朝鮮の）交渉相手は殺されていたでしょう。彼はそれをよくわかっていました。言ってみれば、彼は自分の情報源を守りたかったのです。私たちは（日朝交渉について）ある程度の情報は得ていましたし、私自身、田中均という人物をよく知っていました。彼は外交官として、うまくいく確証がない限り行動を起こさないということもわかっていました。彼は非常に熱心で、結果を重視する外交官でした。一度、何かに目を付ければ、必ず成し遂げようとしました。軍で言うところの「任務を遂行する」努力をしたのです。それが、当時の私の均についての印象ですし、今もそう思っています。最終的には、彼のアレンジによって拉致被害者を日本に連れ戻

アーミテージ元米国国務副長官

すことができたのですから、彼の功績は多大な称賛に値すると思います。

一方、当時、ホワイトハウス・国家安全保障会議の日本担当部長だったマイケル・グリーンはこう言う。

率直に言って、田中均さんが情報を共有させなかったことに対して、アメリカ政府は不満を感じていました。その一方で、彼は外交で手腕を発揮し、日朝首脳会談で良い結果を得ることができました。

問題だったのは、キム・ジョンイル総書記が日本の政治を理解しておらず、日本人の拉致被害者が一時帰国して家族を訪ねたら、北朝鮮に戻ってくると、おそらく信じていたことです。彼らが自由で開かれた民主主義社会に入り、家族と会ったら、北朝鮮に帰りたくなくなるということを理解していなかったのです。ただ、もし外務省や田中さんが北朝鮮側に、「拉致被害者たちは二度と北朝鮮に戻らないだろう」と言っていたら、この（帰国の）合意は得られなかったでしょう。

ただ、これが、北朝鮮が以後の外交を拒み始めるきっかけとなったことは確かです。しかし、拉致被害者を解放し、家族のもとに返すことは重要でしたので、長い目で見れば、価値ある外交だったと思います。

マイケル・グリーンは、小泉総理の訪朝に、当時、官房副長官として同行した安倍晋三・元総理大臣の役割についても、強調する。

――短期的に見れば、日朝首脳会談は、小泉さんにとって成功でしたし、安倍官房副長官が同行したことも、アメリカに信頼感を与えたという意味で非常に重要でした。安倍

マイケル・グリーン元米国大統領特別補佐官

さんは、田中さんに対する一種の歯止めとなり、ブッシュ政権を安心させる要因となりました。私たちは、小泉さんの働きをサポートしていました し、ブッシュ大統領も彼の判断を信頼していましたが、アメリカ政府やその官僚にとって、安倍さんは一種のチェック機能であり、いくつかの良いアドバイスを与えてくれたので、心強い存在でした。私の記憶では、彼の提案で日本の代表団が自分たちの弁当を持参することになりました。

日本の代表団が仕事に専念できるよう、弁当を持参して酒を飲まないという、賢明なアイデアを提案したのは、安倍さんだったと聞いています。

安倍は、小泉の後、二〇〇六年（平成十八年）に戦後最年少の五十二歳で総理大臣に就任し、一年後に退くも、二〇一二年（平成二十四年）十二月に総理大臣に返り咲いた。そして、二〇二〇年（令和二年）九月に辞任するまで、総理大臣として憲政史上最長の在任期間をつとめたが、二〇二二年（令和四年）七月に銃撃され、非業の死を遂げた。

安倍は、田中に対して厳しい態度を取っていたことで知られている。

総理在任中の二〇一三年（平成二十五年）には、フェイスブックの自らのページで、田中について、「拉致被害者五人を北朝鮮の要求通り、送り返すべきだと強く主張した」と指摘した上で、「外交官として決定的判断ミスだと言える。そもそも彼は、北朝鮮との交渉記録を一部残していない。彼に外交を語る資格はない」とまで批判している。

安倍と親交があったマイケル・グリーンは、北朝鮮問題をめぐる安倍と田中の関係について、次のように述べた。

――北朝鮮は、どの政府にとっても非常に難しい問題です。当時、官邸内でも議論や意見の対立がありました。田中均と安倍晋三内閣官房副長官の間には、明らかな分断がありました。私たちは、両方と話していましたので、もしかしてアメリカ政府内の分断よりも大きな相違があるのではないかと思いました。どちらかの動機や性格が悪かったのではありません。北朝鮮は、それだけ難しい問題なのです。

二〇〇二年（平成十四年）九月十七日の日朝首脳会談から二十年が経った。

この間、北朝鮮の指導者は、キム・ジョンイルから三男のキム・ジョンウンに交代し、核兵器やミサイルの開発も進んだ。日本にとって、北朝鮮は、安全保障上の大きな脅威となり、日朝関係は極度に悪化。現在は、「没交渉」ともいえる状況が続いている。

田中は、長いインタビューの最後をこう締めくくった。

私が特にこれから大事だと思うことを、自分自身の北朝鮮との交渉とか政策立案の経験を踏まえて申し上げれば、やっぱりプロフェッショナル。これは官僚もそうですし、政治もそうなんですけど、「プロフェッショナルな役割とは何なんだ」ということ

インタビュー後、窓際に立つ田中均

を、常に自問しながらやっていく必要があると思うんです。

この国の世論を、実は私は、間違った方向に導いてしまったかもしれない。要するに、このポピュリズム、被害者意識で北朝鮮とか他の国々をたたくという雰囲気が出てきてしまった。だけど、僕はもう少しプロフェッショナルな世論を作りたい。だからそういう行動をしているということですね。今ますます、世論というのは、移ろいやすく、かつ非常にリスクが高いものになっていると思います。

官僚は、世論に流されて世論が好むようなことを、まず考えるということは、僕は、たぶんやってはいけないんだろうと思います。要するに、自分たちが持っている情報とか経験、見識、そういうものを踏まえて、「こういうことをやっていくのが、日本国の国益を叶える方法だ」というふうに考えて、プロフェッショナルな形で進めていく。そして、そのプロフェッショナルな考え方を理解するかどうかは、政治の役割。もし政治がそれを理解しなければ、そういう外交はできません。

拉致問題は、二十年前に被害者五人が帰国して以降、その家族が帰国したほかは、目立った進展はなく、日朝関係全体も停滞といっていい状況にある。

こうした中で、田中の証言を聞くと、プロフェッショナルの意識に徹した外交交渉の進め方が、成果につながった部分がある一方で、そうした手法が、必ずしも世論の理解を得られず、外交と世論の間に深刻な乖離が生じていたことがわかる。

複雑な国際情勢の中で、いかにして、世論の理解を得ながら、外交上の適切な「解」を導き出していけるか。世論の望む方向と中長期的な国益とのギャップをいかに埋めていくか。そこに政治はどのような役割を見いだせるか。難しい課題だと感じている。

あとがき

あの衝撃的な日朝首脳会談からおよそ一年が経った、二〇〇三年（平成十五年）の九月十日、東京・目黒区にあった田中均外務審議官（当時）の自宅に、時限式の発火物が置かれる事件が発生した。この日の深夜、午前二時過ぎ、車庫の中に、リード線で電池とタイマーにつながっていたステンレス製の魔法瓶が置かれているのを、警察官が見つけたという。この三十分前の午前一時半には、朝日新聞社と産経新聞社に、男の声で「田中外務審議官の自宅に爆弾を仕掛けた」という犯行声明の電話がかけられていた。また、発火物の脇には、犯行声明の文書が残されており、この中では、北朝鮮との交渉にあたっていた田中氏について、「相手の国の便宜を図ることばかりして許しがたい」といった内容が書かれていた。

この時、自宅にいた田中氏と妻、二人の娘は、深夜にもかかわらず、自宅からの避難を余儀なくされたという。田中氏の自宅は、細い路地が入り組んだ住宅街の中にあるうえ、当時、警備の対象となっていて、頻繁に警察官の見回りが行われていた。そうした中での犯行である。政府の一員として働く外交官に対して、一方的に政治的な言いがかりをつけ、その家族まで巻き込んで危害を加えようとする、卑劣な政治テロだった。それこそ、許しがたい恥ずべき犯罪行為である。

とりわけ、筆者は、この事件に大きな衝撃を受けた。おそらく他のどの記者よりも驚き、動揺していたに違いない。というのは……。

すでに書いてきたように、当時の筆者は、NHK政治部の記者で、外務省クラブに所属していた。田中氏の「番記者」であり、それまで一年余りの間、毎晩のように、その自宅に通い、帰宅しようとする田中氏を玄関前でつかまえて、昼間、外務省内では聞けない話をなんとか聞こうとしてきた。いわゆる「夜廻り」取材である。そうした「夜廻り」では、筆者を含む報道各社の記者たちが、田中氏をつかまえて話を聞くことができる日も、もちろんあるが、田中氏の帰宅が夜の十二時をまわるほど遅くなって、記者たちが待つのをあきらめて帰る日もあった。いわゆる「空振り」である。

そして、事件が起きたまさにその晩、実は、筆者は、田中氏の自宅に「夜廻り」に行っていたのだ。しかも、その晩は、他社の記者が来ておらず、たまたま、筆者一人だけだった。筆者は、だいたい午後八時頃から午前零時過ぎまで、田中氏の自宅前の路地に立って、タバコをふかしながら、その帰宅を待っていたと記憶している。その間、二、三度、近くの公園のトイレに行くことはあったが、基本的には、田中氏の家の前にいた。結局、時計の針が十二時を回っても、田中氏の帰宅を見届けることができず、「空振りか。仕方ないなあ」と思いながら、キャップに報告して帰宅した。

そんな経緯があったので、翌日、事件のニュースを聞いた筆者は、まさに「仰天」したのである。

「いったい、犯人はいつ発火物を仕掛けたのか。少なくとも、自分は不審な人物を見なかった。だとしたら、自分が帰った後、零時過ぎから二時までの犯行だろうか」。

「それとも、犯人はこっそり様子をうかがっていて、自分が家の前からいなくなるのを待って、発火物を仕掛けたのだろうか。なぜ自分は気づかなかったのだろう」。

事件の数日後、警察から筆者に連絡があった。筆者が、事件当日、田中邸に「夜廻り」に行っていたことを、どこかで聞きつけたのだろうか。

「捜査に協力してほしい。話を聞かせていただけないか」ということだった。当然の申し出だろう。筆者は、事件のあった晩、発火物が仕掛けられた車庫のそばに四時間も立っていたのだから。犯人を目撃した可能性が最も高いはずなのだ。

ところが、筆者は、自分でも情けなくなるくらい、何も覚えていなかった。不審な人物や車が近くを通ったか、どうしても思い出せなかった。実際のところ、筆者は、田中氏の自宅の前で、ただボーっと突っ立って、無為に時間を過ごしていただけだったのだ。結局、有益な証言は何一つ提供できず、捜査に全く何の貢献もできなかった。

刑事さんからは、話の最後にこう言われてしまった。

「増田さんには、本当に期待していたんですけれどねぇ」。

さて、話が若干、脇道にそれてしまったが、この事件では、三か月後の二〇〇三年(平成十五年)十二月、「建国義勇軍」を名乗る右翼団体の構成員が逮捕された。

繰り返しになるが、自分と意見が違うからといって、暴力を使って脅しをかける行為は、政治テロにほかならず、法治国家においては、絶対に許されない。ましてや、この事件は、テロの対象に田中氏の家族まで巻き込んでおり、卑劣極まりない。

しかし、事件の直後には、当時の東京都知事・石原慎太郎氏が、名古屋市での街頭演説でこんな発言をして物議を醸した。

「北朝鮮の問題だって、何をやっているんですか。今度は爆弾を仕掛けられたけど、当たり前の話だと私は思う。政治家に言わずに、いるかいないかわからないミスターXと『私は交渉しています』と言って、向こうの言いなりになっている」。

まるでテロを容認しているかのような、少なくともそう受け取られても仕方がない発言である。

さすがに、当時の福田康夫官房長官は次のように批判した。

「影響力の大きい方なので、発言には、十分注意してほしい」。

川口順子外務大臣も反論している。

「北朝鮮の問題について、外務省がやっていることは、田中外務審議官が一人でやっていることではなく、組織として判断し、官邸とも相談した上で、政府の方針として固めてやっているものだ。石原知事の批判はあたらない」。

当時、取材現場にいた筆者も、石原氏の発言には違和感を感じざるを得なかった。

しかし、結局、石原氏は、この発言を撤回も謝罪もせず、世間からも、なんとなく黙認されてしまう格好になる。

この発言に対して感じた違和感。そしてこうした発言を黙認してしまう社会の「空気」への、何か釈然としない気持ち。この感覚がまわりまわって、筆者が本書を執筆した原動力のひとつになったように思う。

再三の繰り返しになるが、民主主義社会においては、テロは絶対に許されない。

それなのに、今年、二〇二二年（令和四年）七月八日、日本において、究極の形で政治テロが起きてしまった。安倍晋三元総理大臣が、奈良市で参議院選挙の応援演説をしていた最中に、男から銃で撃たれて死亡した。通算で歴代最長の八年八か月間、総理大臣を務めた実力者の非業の死だった。

どんな理由をつけようと、暴力という手段で言論を封殺しようとした行為、そのあげくに、一人の人間の尊い魂と命を奪った行為は、絶対に、絶対に許されない。

最後に、今回、筆者が、二十年前の日朝首脳会談とそれに至る日朝交渉について、改めて取材を行い、番組を制作し放送しようと思いたった理由というか、動機を記しておきたい。それはそのまま、本書を執筆するに至った動機でもある。

冒頭に書いたように、二十年を経ても、なお謎が多い日朝交渉について、その真実に迫りたい。それが当時、現場の記者だった自分に課せられた、社会的責任ではないかと考えたのは、その通りである。

ちょっと肩に力が入り過ぎているかもしれないが。

ただ、力が入り過ぎているのを承知の上で、さらに臆面もなく言えば、私は、北朝鮮問題にもう一度、光を当てたかった。

残念ながら、日朝関係は現在、停滞している。

北朝鮮は、日本海に向けて、ときには、日本列島を飛び越えて太平洋に向けて、弾道ミサイルを頻繁に発射している。核兵器の開発も進め、日本の安全保障上の大きな脅威になっている。

その一方で、日朝間は「没交渉」といえる状況で、拉致問題については、問題解決の道筋が全く見出せていない。被害者家族が高齢化し、一日も早い被害者の帰国が切に望まれているにも関わらず、である。

それなのに、北朝鮮問題への一般の関心は、風化しつつあるとまでは言わないが、かつてと比べて、明らかに薄れつつあるのが現状だ。

だからこそ、私は、日朝首脳会談から二十年という機会を利用して、「日朝秘密交渉の舞台裏」とか「ミスターXの正体」といった、多少なりともスクープ性を感じてもらえるようなテーマに取り組み、それを世に出すことで、北朝鮮問題に対する一般の関心を、もう一度、ほんの少しでもいいから、高めたかったのだ。

北朝鮮問題に対する関心が再び高まり、拉致問題解決を求める声がもっと大きくなれば、それは、日本政府を動かす大きな力、問題解決に取り組む政府への大きな後押しになるだろう。停滞している日朝交渉にも、突破口が開かれるかもしれない。

自らが微力であることはじゅうじゅう承知している。

それでも、本書がそれにつながる一助になればいいと切に願っている。

本書の刊行にあたっては、本当に多くの方にお世話になりました。

まず、外務省でアジア大洋州局長や外務審議官を歴任し、現在、日本総合研究所・国際戦略研究所で理事長を務める田中均さん。本書の主題である日朝首脳会談とそれに至る日朝交渉について、貴重な証言をしていただきました。この証言は「クローズアップ現代」明かされる『交渉の舞台裏』日朝首脳会談20年・あのとき何が」（二〇二二年九月十四日放送）をはじめ、NHKの全国放送や衛星放送、国際放送の一連の番組で放送され、NHK「政治マガジン」など、インターネット上の記事にもなりました。田中さんの協力が、本書を含む一連の企画の出発点になりました。

日本総合研究所・国際戦略研究所の佐藤由香里さん。田中さんのアシスタントとして、私たちの取材にかかる様々な連絡や調整に尽力していただきました。

慶應義塾大学教授の礒﨑敦仁さん。北朝鮮政治を専門とする礒﨑さんからは、日朝首脳会談と日朝交渉の客観的な評価と課題について、専門家ならではの深みのある所見をいただいたほか、番組の制作にあたって、貴重なアドバイスをいただきました。

ＮＨＫソウル支局の青木良行支局長には、元北朝鮮の外交官で、韓国の国会議員を務めるテ・ヨンホ（太永浩）氏へのインタビュー取材をお願いしました。

ワシントン支局の高木優支局長には、アメリカ・ブッシュ政権の国務副長官を務めたリチャード・アーミテージ氏へのインタビュー取材をしていただきました。

シドニー支局の青木緑支局長には、ブッシュ政権でホワイトハウスの高官だったマイケル・グリーン氏へのインタビュー取材を担当していただきました。

また、一連の番組の制作にあたっては、ＮＨＫ国際放送局専任局長・ワールドニュース部長の藤下超さんに、高い立場から指導やアドバイスをいただきました。

ワールドニュース部制作統括の木内啓さんには、直接の番組の責任者を務めていただき、適切な指導を通して番組を完成に導いていただきました。

ワールドニュース部専任部長で元ソウル支局長の池畑修平さんには、北朝鮮問題の専門家という立場から、多くの有益なアドバイスをいただきました。

皆さん、本当にありがとうございました。

そして、国際放送局ディレクターの内田理沙さん。今年の春、私が「日朝首脳会談二十年」の企画を局内で提案した際、内田さんが手を挙げて、番組のディレクターを引き受けてくれました。それ以来、内田さんには、国際放送のニュース番組「NEWSROOM TOKYO」の特集から始まり、「クローズアップ現代」や英語版の大型番組であるNHK WORLD PRIME、それに今回の書籍化に至るまで、お付き合いいただき、取材や資料集め、番組構成、局内外の様々な調整に奔走・尽力していただきました。内田さんがいなければ、一連の番組はできなかったでしょうし、本書も出せなかったでしょう。私からの最大限の感謝の気持ちを記したいと思います。

名前は出しきれませんが、この他、多くの局内外の関係者にも協力をいただきました。

また、末尾になりましたが、今回の出版にあたっては、前著『ヒトラーに傾倒した男――A級戦犯・大島浩の告白』に続いて、論創社の社長の森下紀夫さんに、大変、お世話になりました。ありがとうございました。

二〇二二年十一月

NHK記者　増田　剛

参考資料

日朝平壌宣言

小泉純一郎日本国総理大臣と金正日朝鮮民主主義人民共和国国防委員長は、2002年9月17日、平壌で出会い会談を行った。

両首脳は、日朝間の不幸な過去を清算し、懸案事項を解決し、実りある政治、経済、文化的関係を樹立することが、双方の基本利益に合致するとともに、地域の平和と安定に大きく寄与するものとなるとの共通の認識を確認した。

1．双方は、この宣言に示された精神及び基本原則に従い、国交正常化を早期に実現させるため、あらゆる努力を傾注することとし、そのために2002年10月中に日朝国交正常化交渉を再開することとした。

双方は、相互の信頼関係に基づき、国交正常化の実現に至る過程においても、日朝間に存在する諸問題に誠意をもって取り組む強い決意を表明した。

2．日本側は、過去の植民地支配によって、朝鮮の人々に多大の損害と苦痛を与えたという歴史の事実を謙虚に受け止め、痛切な反省と心からのお詫びの気持ちを表明した。

双方は、日本側が朝鮮民主主義人民共和国側に対して、国交正常化の後、双方が適切と考える期間にわたり、無償資金協力、低金利の長期借款供与及び国際機関を通じた人道主義的支援等の経済協力を実施し、また、民間経済活動を支援する見地から国際協力銀行等による融資、信用供与等が実施されることが、この宣言の精神に合致するとの基本認識の下、国交正常化交渉において、経済協力の具体的な規模と内容を誠実に協議することとした。

双方は、国交正常化を実現するにあたっては、1945年8月15日以前に生じた事由に基づく両国及びその国民のすべての財産及び請求権を相互に放棄するとの基本原則に従い、国交正常化交渉においてこれを具体的に協議することとした。

双方は、在日朝鮮人の地位に関する問題及び文化財の問題については、国交正常化交渉において誠実に協議することとした。

3. 双方は、国際法を遵守し、互いの安全を脅かす行動をとらないことを確認した。また、日本国民の生命と安全にかかわる懸案問題については、朝鮮民主主義人民共和国側は、日朝が不正常な関係にある中で生じたこのような遺憾な問題が今後再び生じることがないよう適切な措置をとることを確認した。

4. 双方は、北東アジア地域の平和と安定を維持、強化するため、互いに協力していくことを確認した。
双方は、この地域の関係各国の間に、相互の信頼に基づく協力関係が構築されることの重要性を確認するとともに、この地域の関係国間の関係が正常化されるにつれ、地域の信頼醸成を図るための枠組みを整備していくことが重要であるとの認識を一にした。

双方は、朝鮮半島の核問題の包括的な解決のため、関連するすべての国際的合意を遵守することを確認した。また、双方は、核問題及びミサイル問題を含む安全保障上の諸問題に関し、関係諸国間の対話を促進し、問題解決を図ることの必要性を確認した。

朝鮮民主主義人民共和国側は、この宣言の精神に従い、ミサイル発射のモラトリアムを2003年以降も更に延長していく意向を表明した。

双方は、安全保障にかかわる問題について協議を行っていくこととした。

日本国
総理大臣
小泉　純一郎

朝鮮民主主義人民共和国
国防委員会　委員長
金　正日

増田剛（ますだ・つよし）

NHK 国際放送局記者（NHK ワールド・シニアコメンテーター）。1970 年東京都生まれ。一橋大学法学部卒。1992 年、NHK に入り、政治部記者、ワシントン特派員、解説委員を歴任。2019 年から現職。専門は外交・安全保障。解説委員として「おはよう日本」「時論公論」「くらし☆解説」など出演多数。

現在は、NHK ワールド「NEWSROOM TOKYO」などに出演。

著書に『ヒトラーに傾倒した男――A 級戦犯・大島浩の告白』（論創社、2022 年）。

日朝極秘交渉――田中均と『ミスター X』

2023 年 1 月 20 日　初版第 1 刷印刷
2023 年 1 月 30 日　初版第 1 刷発行

著　者　増田　剛
発行者　森下紀夫
発行所　論 創 社
〒 101-0051　東京都千代田区神田神保町 2-23　北井ビル
tel. 03（3264）5254　fax. 03（3264）5232　https://www.ronso.co.jp/
振替口座　00160-1-155266
装幀／宗利淳一
印刷・製本／中央精版印刷　組版／フレックスアート
ISBN978-4-8460-2229-7　

ヒトラーに傾倒した男

――A 級戦犯・大島浩の告白

増田剛 著

2022 年 7 月刊行

定価：2200 円（税込）

四六上製　192 頁

ISBN：978-4--8460-2187-0

主要目次

序　章　口を閉ざしていた男
第一章　ナチスに最も食い込んだ日本人
第二章　対ソ謀略の頂点「スターリン暗殺計画」
第三章　日独伊三国同盟の「黒幕」
第四章　封じられた真実Ⅰ
第五章　封じられた真実Ⅱ
終　章　A級戦犯として

驚愕のスクープドキュメント、
待望の書籍化！

「ヒトラーに傾倒した男」が語った歴史の真相……日独伊三国同盟の内幕、独ソ戦とスターリン。――ロシアのウクライナ侵略、「歴史の教訓」はここにあった！　NHK 元解説委員、渾身のリポート